퍼스널
브랜딩
책쓰기

인생의 돌파구가 필요한 당신

퍼스널 브랜딩 책쓰기

초판 1쇄 인쇄 2023년 3월 16일
초판 1쇄 발행 2023년 3월 23일

지은이 조영석

발행인 백유미
발행처 (주)라온아시아
주소 서울특별시 서초구 효령로34길 4, 프린스효령빌딩 5F

등록 2016년 7월 5일 제 2016-000141호
전화 070-7600-8230 **팩스** 070-4754-2473

값 17,000원
ISBN 979-11-6958-038-0 (03320)

※ 라온북은 (주)라온아시아의 퍼스널 브랜드입니다.

인생의 돌파구가 필요한 당신

퍼스널 브랜딩 책쓰기

조영석 지음

프롤로그

어떻게 하면 나를 잘 팔 수 있을까

100년에 한 번 나타날 법한 거대한 판의 움직임

'코로나19'라는 긴 터널을 지나온 지 3년이라는 시간이 흘렀다. 긴 터널의 끝이 보이는 요즘, 위와 같은 질문이 수많은 모임에서 계속 언급된다. 아마 모든 사람들이 고민하는 부분이지 않을까 싶다.

기업에서 하던 '더 잘 팔기' 고민을 개인들이 하는 이유는 무엇일까? 바로 산업의 판의 이동이 본격적으로 우리의 삶을 바꾸고 있기 때문이다.

세상을 움직이는 판이 이동하고 있다. 코로나19를 통해 미래가 앞당겨지면서 판의 이동이 더욱 빠르게 이뤄지고 있다. 판이 이동할 땐 판만 이동하지 않는다. 사람, 지식, 돈, 직업, 권력이 함께 이동한다. 새로운 판에 사람과 돈이 몰리고 새로운 직업이 탄생하며, 새로운 판에서는 그 판에 맞는 지식을 가진 사람들이 위너가 되고 부자가 된다. 그리고 권력을 거머쥐어 세상을 리드한다.

PC에서 모바일로 변한 지난 10년간의 판의 이동을 생각해 보라. 작은 판의 이동이었음에도 많은 돈과 사람이 PC 산업에서 모바일 산업으로 이동했다. 그러나 그 변화를 따라가지 못한 사람은 뒤처지게 되었고, 이 과정에서 수많은 직업들이 사라졌다. 앞으로 5년간 펼쳐질 '판의 이동' 시대에는 100년에 한 번 나타날 법한 거대한 판의 움직임이 있을 것이다. 이때는 지난 10년간의 변화와는 차원이 다를 것이다.

판의 이동이 일어나는 지금, 어쩌면 우리는 위기의 중심에 서 있다고 볼 수 있다. 하지만 지금이야말로 평범한 개인에게는 기회의 시대다. 스마트폰이 출시된 이후 세상은 1인의 행복과 만족을 극대화하는 쪽으로 급속히 변화했다. 자신이 속한 공동체나 조직보다 '나의 행복'이 우선되는 시대로 전환되었다.

내게 필요한 사람과의 연결이 중요한 세상

일상 속에 갑작스럽게 찾아온 코로나19는 언택트(Untact, 비대면)를 일상화했다. 스마트폰이 모바일 1인 시대를 열었다면 코로나19는 '1인 시대의 대중화'를 이뤄냈다. 그런데 1인 시대의 대중화란 역설적이게도 '콘택트(Contact, 연결)'를 강화시켰다. 정확히는 '내게 필요한 사람과의 연결'을 일상화한 것이다.

나를 다른 사람들에게 '필요한 사람으로' 인식시키기 위해서는 어떻게 해야 하는가? 어느 한 분야에 전문가, 즉 '프로'가 되어야 한다. 누구나 전문가를 가장 먼저 찾을 것이기 때문이다. 그렇기에 1인 시대에는 프로만이 살아남는다. 직업도 돈도 사람도 프로에게만 모인다. 아마추어는 프로리그엔 끼지도 못한다.

1인 시대에는 나를 다른 이들에게 전문가로 알리는 것, 즉 전문가로 브랜딩이 되어 있어야 한다. 그렇기에 '퍼스널 브랜딩'이 중요하다. 지난 10년간 일상화된 단어 중 하나가 된 것도 그 이유일 것이다.

과거에는 하고 싶은 일과 돈 되는 일 중 하나를 선택했던 시대였다면, 이제는 하고 싶은 일을 하며 돈을 벌 수 있는 퍼스널 브랜딩 시대다. 특히 MZ세대 직장인들과 1차 은퇴를 준비 중인 5060세대는 나의 자신만의 독특한 지식과 경험을 다른 사람들과 공유하고 영향력과 수익화까지 하는 퍼스널 브랜딩에 주목하고 있다. 그만큼 퍼스널 브랜딩은 판의 이동 시대인 지금, 매우 중요하다.

원격과 온라인이 대세가 되어가는 시대에 당신은 '누구'로 브랜딩 되어 있는가? 브랜딩이 된 당신은 누구와 연결되어 있는가? 당신이 '줌(Zoom)'으로 함께 모이는 사람들은 누구인가? 이 질문에 답해보며 스스로가 어느 정도 브랜드화되어 있는지 살피길 바란다.

포스트 코로나 시대, 퍼스널 브랜딩의 필요성

나는 지난 10년간 '책쓰기'로 750여 명의 저자를 브랜딩 해왔다. '퍼스널 브랜딩 책쓰기'는 1인 시대를 살아가는 데 필요한 강력한 무기다. 특히 평범한 무명의 '현장 고수'에게는 없어서는 안 될 비밀 병기다.

나만의 콘텐츠를 제대로 담은 책 한 권은 1만 명의 고객을 불러 모으며, 새로운 직업이나 비즈니스의 길을 열어준다. 때론 생각지도 않던 투자나 스카우트 제안을 받기도 한다. 또한 책을 출간하면 평소 당신이 연결하고 싶었던 곳에서 먼저 좋은 제안이 올 수도 있다.

어떻게 하면 더 잘 팔릴까? 실은 답은 뻔하다. 남과 구별되면 된다. 이익이 되면 된다. 그리고 최초이자 최고이며 유일한 문제해결력이 내 안에 있음을 고객에게 인식시키면 된다. 퍼스널 브랜딩 책쓰기의 핵심은 당신 고객들의 문제를 읽어내고 당신이 보유한 지식과 경험을 하나의 콘셉트로 잡아, 고객이 당신의 책을 읽고 당신을 찾아오게 만드는 것이다. 이처럼 퍼스널 브랜딩 책쓰기를 통해 출간된 책은 고객들이 당신을 왜 만나야 하는지를 알려준다.

퍼스널 브랜딩 책쓰기는 코로나19 이후 시대를 살아가는데 가장 필수적인 무기다. 이젠 더 이상 스펙의 시대가 아니다. 스펙보단 '현장 고수'로 브랜딩 되어 있는 것이 더욱 중요하다. '남들에게 필요한 사람'으로 브랜딩 되어 있어야 직업도 돈도 사람도 남아 있게 된다. 계속해서 나의 고객과 연결될 수 있다.

많은 사람들이 '작가'라는 단어를 멋있게 생각한다. 하지만 거기까지다. 나는 저자를 작가 대신 '지식 자본가'라고 일찍부터 불러왔다. 판의 이동기에는 작가가 아닌 지식 자본가가 되어야 한다. 실용적인 지식과 경험, 사고의 프레임이 독자들과 고객들에게 흘러가게 해야 한다.

조영석

차 례

1장

판의 이동 시대, 당신은 누구로 브랜딩 되어 있는가

2장

퍼스널 브랜딩 책쓰기 8단계

3장

퍼스널 브랜딩 책쓰기를 무기로 활용하는 법

1장

판의 이동 시대,
당신은 누구로
브랜딩 되어 있는가

Branding

퍼스널 브랜딩 책쓰기로 온리 원의 무기를 만들어라

각자도생의 시대, 당신은 브랜딩 되어 있는가

2022년 가을 이후부터 많은 테크기업이 감원과 구조조정을 하고 있다. 급격한 금리인상은 자산 가격의 하락을 만들었다. 경제는 한 치 앞을 알 수 없는 불황 속에 있다. '욜로', '워라밸', '파이어'란 단어들은 이제 점점 보이지 않고 있다. 그 대신 '격차사회', '각자도생'이란 말들이 여기저기에서 속속 나타난다.

앞으로 당분간은 일자리가 계속적으로 줄어들 것이다. 자영업과 사업을 하는 사람들도 앞이 보이지 않는 캄캄한 상황을 겪으며 어려움을 당할 것이다. 이런 시대 속에서 어떻게 살아남고 기회를 만들 것인가?

코로나19 이전 10년 동안의 키워드는 '100세 시대'와 '4차 산업혁명'이었다. 100세 시대의 도래는 60세 이후 30년 이상을 건강하게 활동할 수 있다는 것이다. 그렇기 때문에 은퇴 후 '앞으로 뭘 하며 살지?'의 문제를 낳았다. 4차 산업혁명은 새로운 도구를 활용한 '속도 전쟁'을 불러일으켜, 쏟아지는 지식과 정보를 빠르게 받아내고 적용해서 결과를 내지 않으면 도태되게 만들었다.

기존 방식으로 일해온 기성세대에게 이런 상황들은 모든 것을 바꾸지 않으면 살아남을 수 없다는 절박감을 가져다주었다. 특히 2020년 전 세계를 공포에 빠뜨린 코로나19는 이런 시대의 변화를 더욱 '가속화'시켰다. 지금 중요한 것은 모든 분야에서 우리가 해야 할 일과 하지 말아야 할 일, 살아남을 사람과 도태될 사람 등 옥석이 명확하게 가려지고 있다는 것이다.

코로나19는 5년 뒤의 모습을 앞당겼다

온라인은 그동안 우리에게 익숙한 단어였지만 실질적이고 구체적으로 다가오지 못했다. 온라인이 일상생활의 보조 수단이지 주된 도구는 아니었기 때문이다.

하지만 코로나19는 '온라인화'를 가속화했다. 중국 통계청 자료를 기반으로 제공되는 중국 경제 데이터베이스 CEIC와 미국 통계국(US Census Bureau)이 발표한 자료에 따르면 미국의 경우 코로나19 사태로 온라인화를 약 5년가량 앞당긴 것으로 추정된다. 2015년 미국 소비시장의 온라인화 비율은 10퍼센트 대였는데 2019년 15퍼센트 수준에 이르렀고, 2020년엔 15퍼센트에서 단숨에 20퍼센트 대로 급증했기 때문이다.

우리나라와 중국도 상황은 유사하다. 온라인화 수준이 미국보다 좀 더 높을 뿐이다. 한국은 2019년 말 17퍼센트에서 2020년 4월 20.5퍼센트, 중국은 2019년 말 23.4퍼센트에서 2020년 5월 26.5퍼센트를 기록하며 온라인화의 가속화를 보여주고 있다.

100세 시대, 4차 산업혁명, 언택트, 원격근무 등을 먼 미래라고 생각하거나 나와는 상관없다고 무시하는 사람은 없을 것이다. 이미 앞당겨진 미래이자 현재다. 이를 돌파하고 살아낼 무기가 있느냐 없느냐의 문제일 뿐이다. 당신은 이런 시대를 살아낼 무기가 있는가?

포스트 코로나 시대는 당신이 누구인지 증명해야 일과 직업을 유지할 수 있다. 수많은 문제를 해결해 내는 것이 '비즈니스의 본질'인데 1인 세상화된 요즘엔 문제들이 차고 넘친다. 과거와 달라진 것은 문제를 해결할 비즈니스맨들을 스펙이나 광고로만 찾거나 연결하지 않고 실력이 검증만 된다면 현장 고수에게 직접 의뢰한다는 것이다.

그래서 어떤 문제에 대해서 '탁월한 온리 원(Only One)'으로 인식되고 초심과 비즈니스 실력이 유지된다면 '고객'은 단골로 남고 지속적인 수익을 가져다준다.

결국 이 두 가지 질문만 남는다.

'나는 어떤 문제에 대해서 온리 원인가?'

'어떻게 나만의 온리 원을 찾고 정리해서 세상에 인식시킬 것인가?'

퍼스널 브랜딩 책쓰기는 온리 원의 무기다

지금 시대는 파는 시대가 아니라 사게 하는 시대다. 고객은 필요와 욕구에 따라 움직이고 '인식'된 사람과 제품 그리고 회사에 반응한다. 그러므로 물건을 팔려면 고객에게 필요와 욕구가 생기게 만들어 물건을 사게 해야 한다. 다시 말해 고객이 당신을 필요로 하고 당신을 선택하게 만들어야 한다.

고객들이 가지고 있는 '인식의 사다리'에서도 맨 위를 차지할 수 가장 좋은 방법은 '퍼스널 브랜딩'이다. 특히 책으로 만들어진 퍼스널 브랜딩은 당신의 고객들에게 당신을 온리 원으로 각인시켜 인식의 사다리 맨 위를 점유하게 해준다.

책쓰기는 당신의 삶에서 어떤 스토리(콘텐츠)를 온리 원으로 만들어야 하는지 알려준다. 여러 콘텐츠 중에서 온리 원이 될 것을 고객들과 연결하면 된다. 책쓰기는 당신이 살아온 시간 속에서 피, 땀, 눈물과 노력을 통해 얻어진 프레임과 문제해결력을 찾고 정리해 내는 과정이다. 당신이 쓴 한 권의 책은 당신이 문제를 해결할 지식과 경험을 가지고 있음을 알리는 좋은 도구다.

책을 통해 당신에게 호감을 가진 고객을 만나는 것은 그다지 어려운 일이 아니다. 고객은 처음엔 독자로서 당신의 책을 스스로 찾아서 읽을 것이다. 그리고 당신의 콘텐츠에 동의가 되면 당신에게 도움을 청하러 올 것이다. 메일을 보낼 수도 SNS로 연락할 수도 있다. 이것이 바로 책쓰기가 주는 '퍼스널 브랜딩 효과'다.

책쓰기에 3개월만 몰입하라

2019년 봄, 예비 저자 한 분과 책쓰기 코칭 첫 미팅을 가졌다. 본인을 가정의학과 전문의라고 소개한 정가영 저자다. 책을 쓰려는 목적을 물어보니 명쾌한 답이 돌아왔다.

"1년 뒤쯤 개원을 생각하는데 개인 브랜딩을 위해서 책을 쓰고 싶습니다."

1개월에 걸쳐 온리 원의 가능성이 높은 영역을 찾아서 콘셉트를 기획했고 차례를 세운 후 3개월에 걸쳐 초고 집필을 끝냈다. 출간 시점은 병원 개원 3개월 전으로 잡았다. 책은 순조롭게 2019년 11월 말에 출간되어 건강 분야 베스트셀러에 선정되었고, 병원도 예정대로 다음 해 3월 말 개원을 목표로 준비했다. 하지만 개원을 앞두고 큰 변수가 터졌다. 바로 '코로나19' 사태였다.

'사회적 거리 두기로 회사도, 학교도 가지 않을 때 병원을 개원하다니…….'

이 시기에 많은 업종의 매출이 반토막 났으며, 병원들도 예외는 아니었다. 그런데 정가영 저자의 병원은 성공적으로 개원했고, 개원 후 예약이 밀려 3개월 진료 대기자까지 나왔다. 어떻게 이런 일이 가능했을까?

정가영 저자의 책 제목은 《면역력을 처방합니다》이다. 정 저자는 가정의학과 전문의였고 예방의학과 면역에 대한 확실한 문제해결력이 있었다. 시장은 100세 시대로 '치료'가 아닌, '건강, 예방'으로 급속도로 넘어가고 있음을 확인하고 정 저자의 온리 원을 '면역력 전문 의사'로 방향을 잡았다.

물론 책을 기획할 당시에 코로나19 사태가 일어날 줄은 몰랐다. 코로나19가 터지자 유튜브 'MKTV 김미경TV'에서도 출연 요청이 왔다. 이후 정 저자는 유튜브까지 온리 원의 영역을 확장하고 있다.

IMF의 경제학자들은 이번 코로나19 사태가 대공황 이후 최대 규모의 세계적 불황이 될 것으로 전망하고 있다. 이러한 상황에서 당신은 어떤 무기를 준비하고 있는가? 미래가 앞당겨졌고 경제는 불황으로 치닫고 있는 상황에서 가만히 멈춰서 있어서는 안 된다. 한 권의 책을 써보라. 도전해서 당신만의 무기를 만들어라!

스펙이 아닌 브랜딩의 시대다

새로운 행동에 대한 거부감이 사라지는 데 21일이 걸리고, 습관이 몸에 배는 데 66일이 걸린다는 말이 있다. 코로나19는 우리에게 새로운 경험과 행동을 강요했고 어느새 66일이라는 기간을 넘어서면서 불편함이 익숙함으로 바뀌었다. 그리고 이 익숙함을 편리함과 욕구에 대한 각성으로 새로운 비즈니스를 요구하고 있다.

이처럼 모든 사람이 처음 경험하는 큰 위기가 왔을 때는 변화의 방향을 제대로 좇는 것이 정말 중요하다. 1인화와 개인주의가 심화한 추세에서 언택트는 한층 더 각성되고 강화되고 있다. 그렇다면 나는 무엇을 해야 하는가?

20세기는 '스펙'의 시대였다. 대표적인 스펙인 학위나 학벌은 제조업 기반의 고도 성장기 때는 통했다. 한 세대가 30년 이어서 학위만 있으면 30년을 보장받았고 학벌이 있으면 평균 이상의 업무 역량을 인정받아서 대기업 입사는 식은 죽 먹기였다. 하지만 이제는 한 세대를 3년으로 봐야 한다. 이전에 없던 새로운 도구가 너무나 빠르게 쏟아져 나오고 있기에, 계속 새로운 도구를 활용하고 써먹는 실용 지식과 경험의 가치가 학벌을 넘어 각광받고 있다. 박사학위를 가진 사람들도 일자리를 찾기 위해서 자신을 증명할 무언가를 준비하고 있고 책쓰기와 출간을 하려고 한다.

이젠 더 이상 명함으로 내가 누구인지, 무슨 일을 하는지를 증명하고 소개하지 않는다. 지난 10년은 블로그, 페이스북, 인스타그램 같은 SNS가 명함을 대체했다. 지금은 유튜브로 자신이 누구이고 어떤 분야의 전문가인지를 드러내고 알린다. 여기에 스펙은 기본적인 배경일 뿐이다.

언택트 시대에 개인에게 중요한 것은 '브랜딩 되어 있는가? 브랜딩 된 영역이 있는가?'다. 지금은 제품의 시대가 아닌 마케팅의 시대고 브랜딩의 시대다. 마케팅은 '제품(Product)'의 경쟁이 아니라 '인식(Perception)'의 싸움이다. 인식이란 '어떤 브랜드'에 대한 이미지와 느낌을 말하는 것인데, 결국 마케팅을 잘한다는 것은 고객들의 인식을 잘 관리한다는 것이다. 당신은 누구로 인식되어 있는가? 당신은 어떻게

'퍼스널 브랜딩' 되어 있는가?

게릴라전을 하라!

마케팅은 전쟁이다. 마케팅 분야의 고전으로 불리는 알 리스(Al Ries)와 잭 트라우트(Jack Trout)의 책《마케팅 전쟁》에는 이렇게 나와 있다.

경쟁사의 아킬레스건을 공격하라

오늘날 기업이 성공을 거두려면 경쟁자 지향적이 되지 않으면 안 된다. 경쟁회사들의 약점을 발견하고 그 약점에 대해 마케팅 공격을 가해야 하는 것이다.

– 알 리스·잭 트라우트,《마케팅 전쟁》, 안진환 역, 비즈니스북스, 2006

기업뿐만 아니라 퍼스널 브랜딩을 위해서도 경쟁자의 약점을 찾고 공격해야 한다. 스펙이 아닌 퍼스널 브랜딩의 가장 강력한 도구인 책쓰기를 이용해 게릴라전을 펼쳐야 한다. 마오쩌둥(毛澤東)이 중국의 국민당과 싸울 때 사용한 '16자 전법'이라는 유명한 게릴라 전법이 있다.

적진아퇴(敵進我退, 적이 전진하면 우리는 후퇴한다)

적주아교(敵駐我攪, 적이 야영을 하면 우리는 기습을 감행한다)

적피아타(敵疲我打, 적이 피로를 느끼면 우리는 공격한다)

적퇴아추(敵退我追, 적이 후퇴하면 우리는 추격한다)

마케팅 전쟁을 할 때는 이 전법을 활용해야 한다. 중요한 것은 경쟁자나 적에 대한 전술이다. 전쟁의 열쇠는 당신 자신에 대해서가 아니라 경쟁자를 분석한 상태에서 그에 맞는 전술을 구사해야 하는 것이다.

특히 게릴라전을 할 때는 '방어하기에 충분한 작은 시장'을 찾아내야 한다. 게릴라전의 핵심은 큰 성공이 아니다. 생존을 위한 작은 시장에서의 승리여야 한다. 조그만 연못에서 큰 물고기가 될 수 있어야 한다. 퍼스널 브랜딩은 바로 생존을 위한 작은 시장을 찾고 큰 물고기가 되어 그 연못을 지배하는 것이다.

게릴라전에서는 '당신이 누구인지'를 명확히 해야 한다. 고객에게 인식된 게릴라는 살아남는다. 결국 퍼스널 브랜딩의 핵심은 '콘셉팅(Cencepting)'이다. 당신의 콘텐츠를 어떻게 고객들에게 전달하고 느끼게 해서 '의미'를 남길 것인가를 고민해야 한다.

그리고 당신은 제품이나 서비스를 파는 것이 아니기 때문에 당신이 팔려는 것의 '본질'을 알아야 한다. 고객은 제품이 아니라 '욕구에 대한 문제해결'을 사는 것이며 '인식'된 브랜드에는 반복 구매하며 충성을 다한다.

책쓰기로 리밸런싱 하라

2020년 3월, 전 세계 주식시장이 폭락했다. 코로나19로 그동안의 거품경제에 트리거(Trigger)가 작동되었다. 그때 한창 유행했던 단어가 '리밸런싱(Rebalancing)'이다. 리밸런싱은 금융 분야에서 주식, 채권의 비중을 조절하는 일을 의미한다. 지금은 퍼스널 브랜딩을 위한 리밸런싱을 고민해야 한다.

오늘날은 유튜브의 시대라고 해도 과언이 아니다. 주변에선 온통 유튜버가 되고자 열심히 영상을 찍고 올린다. '1일 1영상'을 목표로 매일매일 시간과 에너지를 쏟는다. 하지만 대부분은 선점하지 못하기에 구독자 수도 '좋아요' 숫자도 광고비를 받을 만큼 늘지 않는다. 더 큰 문제가 있다. 열심히 찍고 편집해 영상을 업로드해서 광고비를 받는다 치자. 여기서 끝나는 것이 아니라 지속적으로 유튜브를 찍어 올려야 한다는 데 있다. 유튜브를 위한 노예 아닌 노예가 되는 것이다.

당신이 유튜브에 관심이 있거나 이미 유튜브를 찍고 있다면 '책쓰기'를 시작해 보라. 유튜브를 위한 자원의 30퍼센트만 책쓰기로 리밸런싱 해보길 바란다. 책쓰기는 여전히 기회가 있다. 그리고 유튜브보다 훨씬 더 강력하게 당신을 당신의 경쟁자들과 차별화시키고 브랜드로 인식시켜줄 무기가 될 것이다.

Branding

스펙이 아니다, 문제해결력이다

문제해결력을 가진 스펙을 장착하라

25년 전 신입사원 교육 때 있었던 일이다. 교관이 이런 질문을 했다.

"비즈니스란 무엇이라고 생각하는가?"

대학을 막 졸업한 신입 입사 동기들은 웃으며 가볍게 대답을 했다.

"장사?"

"돈 버는 것?"

"거래?"

잠시 뒤 교관은 칠판에 '피터 드러커(Peter Drucker)'라는 이름을 적으며 이렇게 말했다.

“피터 드러커 선생님께서는 비즈니스란 ‘가치를 제공하는 것’이라고 하셨다. 우리 회사는 물건을 파는 것이 아니라 고객에게 ‘가치’를 파는 곳이다.”

교육을 듣고 난 이후부터 비즈니스에 대한 생각이 완전히 바뀌었다. 비즈니스의 본질은 그냥 돈을 버는 것이 아니란 사실을 명확히 인지했다. 그리고 고객이 지불하는 비용보다 높은 가치를 제공하는 것이 바로 비즈니스라는 것을 머릿속에 확실하게 정리하게 됐다.

그러나 8년 전, 한 사람과의 만남을 통해 비즈니스에 대한 생각이 또다시 새롭게 바뀌었다. 아니, 정확히 말하면 새로운 개념을 받아들이게 됐고 그에 따라 비즈니스를 보는 관점은 진화했다.

우연히 벤처캐피털에 근무하는 지인을 만나서 그들이 투자하는 회사의 선정 기준을 들었는데, 제일 먼저 고려하는 것이 ‘그 회사가 발견한 문제의 크기’라고 했다. 회사의 매출도 수익도 회사가 제공하는 제품이나 서비스도 아니고 ‘문제의 크기’라니? 그동안 사업을 하며 들어본 적이 없던 얘기였다.

8년이 지난 지금은 너무나 당연한 얘기지만 당시만 해도 신생 회사가 발견한 문제의 크기를 보고 투자를 결정한다는 말은 과거의 기준과 경험을 가진 대부분의 비즈니스맨들에

겐 낯선 말이었다.

'문제의 크기, 곧 해결할 시장의 크기를 보고 어떤 회사에 투자할지 결정한다.'

이 말은 세상이 바뀌는 시대에 '될 방법'을 찾아서 끊임없이 진화하며, 제발 해결해 달라는 고객의 문제를 해결하고자 목숨을 건 비즈니스맨들이 결국에는 문제를 해결하고, 고객들이 고마워서 기꺼이 돈을 지불하는 것, 이것이 새로운 비즈니스의 개념이었다.

스펙을 쌓는 것은 중요하다. 하지만 문제해결력이 없는 스펙은 더 이상 쓸모가 없다. 문제해결력이 있는 사람인지가 중요하다. 직업과 직장이 빠르게 바뀌는 시기에는 한 분야의 문제해결력이 있는 전문가로 브랜딩 되어있는 것이 핵심이다.

문제해결력이 주도권을 결정한다

혹시 모유 수유 컨설팅을 아는가? 한마디로 아이에게 젖먹이는 방법을 배우는 것이다. 돈을 내고 전문가에게 모유수유하는 법을 우리가 언제부터 배웠나? 이것이 바로 개인화와 1인화가 가져다준 현실이다.

선배와 후배, 선임과 후임의 연결 관계가 없어지면서, 우리는 스스로 모든 것을 처음부터 내 돈 내고 배워야 하는 것이 당연시된 세상을 살아간다. 그러다 보니 문제를 해결하고 싶은 사람은 진짜 전문가를 찾는다. 스펙으로만 해결할 수 없는 것이 너무나 많음을 알기에 전문가의 콘텐츠를 확인하고 전문가가 해결한 문제들을 검증한다.

요즘 일의 주도권을 갖고 있는 사람들을 찾아보자. 세상은 너무나 많이 변해서 옛날처럼 해외 기업에서 일한 스펙이나 명문 대학의 학위만으로 인정받지 못한다. 노력의 끝에서 금메달을 일궈낸 사람, 남들이 가지 않는 길을 꿋꿋이 간 사람들 모두 대단하지만, 요즘 대중에게서 회자되는 사람들은 다르다. 모두 자신만의 분야에서 자신의 방식대로 문제를 해결해낸 사람들이다. 복잡한 금융 채널을 한눈에 보게 하고 페이팔로부터 800억 투자를 받은 '토스' 이승건 대표, 면도기 시장의 수익 구조를 문제 삼아 글로벌 대기업의 경쟁사가 된 '와이즐리' 김동욱 대표, 호텔 공실 문제를 해결하고 수백억 원에 회사를 매각한 '데일리호텔' 신재식 대표, 생산 문제가 원인이라는 고정관념에서 마케팅 문제가 핵심이라는 사고의 전환을 통해 회사를 20배 성장시킨 '삼진어묵' 박용준 대표, 온라인 학습 시대의 어려움을 해결해 실리콘밸리의 주목을 받은 '클라썸' 이채린 대표. 마치 세상이 기다렸다는 듯이 문제를 조금만 바꿔서 해결해도 SNS를 통해 그들의 평판이 순식간에 공유된다. 아무리 작은 활동이라도 가치가 있다면 모두가 열광한다. 문제해결력은 결과로서 세상에 드러난다.

– 곽민철, 《야근이 사라지는 문제해결의 기술》, 라온북, 2020

비즈니스란 문제를 해결하고 돈을 받는 것이다. 지금의 시대는 산업의 혁명기로, 해결할 문제가 산더미처럼 쌓여 있다. 과거에는 당연하던 것이 더 이상 당연하지 않고 해결할 문제가 되었다.

혁명기에는 대립과 갈등이 많이 발생한다. 이 모든 문제를 누가 해결할 것인가? 당신이 나서야 한다. 학위나 증명서를 뛰어넘어서 직접 당신 앞에서 마감이 될 그 어떤 문제를 찾아보라. 그것이 그리 대단한 문제가 아니어도 괜찮다.

한 권의 책은 소비재이자 시간재다

책을 돈을 주고 사는 것은 소비재의 영역이다. 하지만 시간을 써서 책을 읽는 것은 시간재의 영역이다. 그 누구도 읽고 싶지 않은 책을 끝까지 읽어내지는 않는다. 책을 사는 데 든 책값보다 책을 읽는 데 드는 시간 비용이 아깝기 때문이다.

당신이 쓴 책이 누군가의 10시간을 쓰게 한다면 아마도 당신의 책을 읽은 독자는 그저 책을 읽는 사람에서 끝나지 않고 당신의 예비 고객으로 변화될 것이다. 책이란 것은 점점 빠져들수록 저자에 대해 팬심이 생기게 하는 매체이기 때문이다. 당신의 문제해결력을 한 권의 책으로 출간하라!

Branding

언택트 시대,
더 중요해진 콘택트

언택트는 연결의 도구이고 관계 맺기의 다리다

2020년 3월 이후 세상은 언택트로 점령되었다. 방송과 주요 포털 사이트에서는 언택트가 콘택트를 대체할 것처럼 언택트란 단어로 온통 가득 차 있다. 마치 언택트가 대세인 것처럼 보인다.

여름휴가가 한창이던 2020년 7월, 〈동아일보〉에는 다음과 같은 기사가 실렸다.

> 아무리 세상이 언택트(비대면)로 바뀐다고 해도 사람들의 마음에는 오프라인 경험을 향한 '욕망'이 이글이글 불타오르고 있

다. 여름 휴가철인 지금 강원 양양군, 강릉시, 부산, 제주는 여행객들로 들끓고 있다. 맛있는 요리라면 집에서도 얼마든지 접할 것 같은 정용진 신세계 부회장은 최근 양양군 햄버거 맛집에 2시간 줄을 섰다는 글을 인스타그램에 올려 화제를 모았다. 맛있는 음식이란 '맛'뿐 아니라 장소, 분위기 그리고 함께하는 사람들이 포함된 감각의 종합 패키지라는 것을 깨닫게 된다.

(중략)

경험에 대한 욕망은 여전하다. 언택트가 대세가 되겠지만 오프라인은 완전히 죽지 못한다.

– 김현수, "오프라인 경험은 죽지 않는다", 〈동아일보〉, 2020. 7. 21.

언택트가 진짜 대세일까? 코로나19는 4차 산업혁명을 가속화했다. 가속화 덕분에 언택트가 강력하게 콘택트 세상에 침투했다. 직장도 학교도 가지 못하니 집에서 일하거나 수업을 듣고, 6개월 이상 장기화되니 사람들과 기업들은 언택트화를 서둘렀다.

하지만 모든 것을 언택트로 바꿀 수 없고 바뀌지도 않는다. 가속화일 뿐이다. 10년에 걸쳐서 일어날 일이 단 6개월에 일어난 상황이라고나 할까. 덕분에 언택트의 불완전함이 드러났다. 언택트가 일반화될수록 콘택트의 소중함과 가치는 더욱 빛을 발할 것이다.

언택트 시대가 열린 것은 팩트다. 다만 언택트에 전부를 걸면 안 된다. 언택트는 연결의 도구이고 관계 맺기의 다리 정도로 생각해야 한다. 중요한 것은 언택트의 본질을 알아야 한다. '비대면'이란 말의 '언택트'는 어쨌든 '대면'이 핵심이다. 직접 만나느냐, 간접적으로 만나느냐에 따른 구분이다. 결국에는 '대면=연결'이 본질이다.

언택트는 직접 만나지 않는다는 점에서 거리적, 심리적 부담이 덜하다고 생각하기 쉽다. 그러나 이 말은 거리적, 심리적 거리가 존재한다는 뜻이기도 하다. 사람은 '촉'을 가지고 있다. 비대면의 약점은 이 '촉'이 전달이 안 된다는 점이다. 아무리 화면으로 얼굴을 보고 대화도 하고 강의를 듣는다 해도 진정한 교감은 불가능하다. 그래서 신뢰를 기반으로 하는 비즈니스나 네트워킹은 한계가 있다.

언택트 시기에 충성된 고객을 만들기는 쉽지 않다

대중들은 언택트에 집중하고 있지만 지금이야말로 콘택트를 강화해야 할 시기다. 신뢰를 바탕으로 콘택트가 이뤄진 상태에서의 언택트는 시너지를 내고 강력한 힘을 발휘한다. 콘택트에서 언택트로 변경이 되면 심리적 거리감이 없고 쉽고 편리하다. 비즈니스맨 입장에서는 이미 콘택트로 맺어진

단골들과는 한동안 언택트가 가능하고 매출도 유지된다. 예를 들어 강사라면 그동안 출강하고 있던 학교나 회사 등에서 온라인 강의 요청도 오고 강의를 하기도 쉬울 것이다.

그러나 기존에 콘택트 된 고객이나 거래처가 없는 개인과 회사가 무작정 언택트로 사업을 시작한다면 불안정을 경험하게 될 것이다. 고객과의 라포(Rapport), 즉 서로 간의 이해와 공감을 통해 형성되는 신뢰 관계와 유대감을 언택트 상태에서 만들기란 쉽지 않기 때문이다. 그래서 충성된 고객을 만들기에 상당한 시간과 돈이 들어간다.

언택트의 본질은 콘택트다

'1인 세상과 연결된 세상'으로 대한민국은 급속히 바뀌었다. 그래서 중요한 것이 '퍼스널 브랜딩'이다. 이미 브랜딩 되어있는 개인은 주도권을 쥘 수 있고 브랜딩 된 개인끼리의 연결도 자유롭다. 하지만 여럿 중의 하나로 포지션이 잡혀있다면, 언택트 시대에서는 어려움이 예상된다. 생생한 자신만의 경험과 지식을 무기화해서 브랜딩 된 개인은 인플루언서로서 언택트 생태계를 주도해 갈 수 있다. 그러나 그렇지 않은 개인은 항상 그들에게 휘둘릴 수밖에 없다.

쓸모 있고 도움이 되는 문제해결형 인간이 대세가 되는 세상이다. 아무나 하고 콘택트 하고 언택트 하지 않는다. 따라서 내가 다른 사람과 콘택트 하고 싶다면 누군가가 나를 콘택트 하도록 만들어야 한다. 뭐라도 하나 정확히 브랜딩 되어 있어야 연결될 기회가 온다.

이것이 퍼스널 브랜딩을 해야 하는 이유이고 책을 써야 하는 이유다. 콘택트가 돼야 언택트도 가능하다. 결국 언택트의 본질은 콘택트에 있는 것이다.

Branding

고객이 오게 하는 무기로서의 책쓰기

정말 일자리가 없을까

불황이다. 갈수록 일자리가 줄어들고 있다. 문제는 단순한 불황이 아니라는 데 있다. 3중 복합 불황이다. 4차 산업혁명으로 20세기의 산업이 사라지고 있어서 변화에 재빠른 기업들은 신규 채용을 하지 않고 있다. 100세 시대로 수명이 길어져서 사람들은 최대한 퇴사를 안 하려고 하며, 정부는 60세 이상의 일자리를 만들어야 하지만 쉽지는 않다. 여기에 국가 간의 교역 시스템도 위기를 맞고 있다. 코로나19는 이런 상황을 가속화해서 6개월 만에 10년을 앞당겼다.

먼저 당신에게 묻고 싶은 게 있다. 당신은 비즈니스맨인가, 샐러리맨인가? 아니, 당신은 비즈니스맨이어야 한다. 더 이상 샐러리맨은 없다. 월급을 받는 직장에 속에 있을 뿐 당신은 비즈니스맨의 정체성과 문제해결력을 가지고 있어야 앞으로 살아남을 수 있을 것이다.

중간층이 없어지는 시대를 살아간다는 인식이 중요하다. 지난 50년은 산업화 시대였다. 외국에서 주문받은 상품을 내다 파는 경제였고, 성장곡선을 계속 그려왔기에 집도 사고 차도 사고 해외여행도 할 수 있었다. 하지만 앞으로는 쉽지 않은 일이 될 듯하다. 산업이 바뀌고 요구받는 일의 완성도와 일자리의 형태가 완전히 바뀌었기에 월급만큼만 일하는 샐러리맨은 중하층으로의 추락이 예상된다.

우리 모두 비즈니스를 하며 살아가야 한다. 고객들에게 일과 도구에 대한 지식과 경험 그리고 통찰을 상품과 서비스로 판매하고, 그 수익을 누구는 회사를 통해 월급으로 받고 누구는 직접 고객에게 받기도 할 것이다. 교수도 의사도 변호사도 강사도 프리랜서 디자이너도 심지어는 식당 사장님도 모두 같다. 중요한 것은 '자신의 비즈니스를 어떻게 홍보해서 고객을 오게 할 것인가'다.

대학 졸업을 앞둔 젊은이들이나 자녀를 둔 부모들은 요즘의 상황에 많이들 답답해한다. 대기업이 공채를 안 하고 공무원 자리는 어려우며, 중소기업들은 구조조정이 한창이기에 일자리가 없다고 아우성이다. 그런데 정말 일자리가 없는 것일까?

나는 아니라고 생각한다. 기업은 인재를 원한다. 시대의 위기를 함께 돌파할 인재는 어디서나 환영받는다. 기업을 경영하는 경영자들은 지금의 위기를 넘어 그다음을 준비하기도 한다. 문제는 이 위기를 함께 돌파하고 위기 다음을 준비할 인재가 누구인지를 판가름하기가 너무 어렵다는 것이다.

월급이 많고 성장성이 높은 좋은 기업에는 경쟁력 있는 인재들이 모여들기 마련이다. 따라서 취업을 준비하는 사람이라면 자신을 뽑아주도록 기다리기만 해서는 안 된다. 경쟁자들과의 차별화를 고민해야 한다.

취업 준비생에게 고객은 기업의 인사담당자다. 이 고객을 만족하게 할 수 있는 가장 효과적인 방법은 자신의 대학 생활과 전공 그리고 자신이 생각하는 비즈니스와 꿈과 비전을 책으로 출간해서 지원서와 함께 제출해 보는 것이다. 분명 인사담당자가 당신을 주목할 것이다.

고객을 모으는 무기를 갖춰라

《사장 교과서》(라온북, 2019)의 저자인 주상용 대표는 책쓰기란 "퍼스널 브랜딩의 강력한 도구"라고 말한다. 이랜드에서 20년간 패션 및 유통 부문에서 다양한 비즈니스 지식과 경험을 쌓은 후 현재 중소기업 경영 자문과 CEO를 코칭하고 있는 주상용 대표는 책을 통해 새로운 고객과 비즈니스를 창출했다.

주 대표는 중소기업 사장들 입장에서 알고는 싶은데 기관과 경영대학원에서는 알려줄 수 없는 내용들을 책에 담았다. 직장 생활을 샐러리맨이 아닌 비즈니스맨으로 살아온 그는 말단 직원에서 경영자까지의 자신이 직접 경험한 지식과 케이스를 중소기업 사장들의 경영상의 고민과 연결했다.

책에는 중소기업 사장들에게 필요한 내용이 충실히 담겨 있어, 독자들은 이 책을 읽고 나면 '주상용'을 검색하게 된다. 그래서 그는 책 출간 후 강의와 SNS 활동 등을 통해 여러 분야의 비즈니스맨들과 대표들을 만나고 이들과 연결되어 여러 회사의 성장을 돕고 있다.

창직과 창업이 많아지는 시대다. 하지만 무작정 시작했다가는 무너지고 만다. 고객을 오게 하고 고객을 모으는 무기를 갖춰야 시행착오를 줄일 수 있다. 지금이 책을 써서 무기를 만들 수 있는 적기다.

만약 당신이 퇴직자이고 1인 기업가로서 직장 생활의 지식과 경험을 컨설팅으로 팔고 싶다면 책쓰기로 무기를 만들어야 한다. 언택트가 강화되고 사회적 거리 두기로 시간이 있을 때 책을 써야 한다. 다시 콘택트로 돌아가고 자유롭게 이동이 가능할 때엔 꼭 책이 당신 고객들의 손에 있어야 한다. 당신의 고객들이 당신을 '인식'하고 당신을 만날 날을 기다리고 기대하게 하라. 책쓰기는 당신의 비즈니스를 이끌 강력한 무기다!

Branding

전문 강사를 준비하는 당신, 무기가 있는가

책을 쓴 강사와 책을 못 쓴 강사

비대면 시장의 확장으로 일반인들의 '전문 강사' 데뷔가 많아졌다. 유튜브의 대중화가 트리거가 되었다면 클래스101로 대표되는 강의 플랫폼의 확장은 강사 시장의 빅뱅(Big Bang)을 보여주고 있다. 이런 흐름에 따라 최근 강사가 되기 위한 직장인, 예비 퇴직자, 취업 준비생들이 스피치 능력과 PPT 스킬을 키우기 위해 사설 강사 양성 학원을 찾고 있다. 그들은 어떻게든 빨리 강의 무대에 서고 싶어서 서둘러 강의안을 준비해 강의 현장에 뛰어든다.

하지만 많이들 모르는 것이 있다. 강사 세계에 두 부류가 존재한다는 것을 말이다. 바로 '책을 쓴 강사'와 '책을 쓰지 않은 강사'다. 혹시 이 책을 읽고 있는 당신이 강사라는 직업을 가지고 있거나 강사가 되기 위해 준비하는 사람이라면 이 말을 꼭 해주고 싶다. "일단, 책을 꼭 써라!"

강의만으로는 일반적인 월급 이상의 수익을 올리기가 쉽지 않다. 대부분은 강사라는 직업이 지식이나 경험을 파는 것으로 생각하는데, 사실은 그렇지 않다. 강사는 지식만을 파는 직업이 아니라 '메시지(Message)'를 파는 직업이다. 그래서 똑같은 주제의 강의를 하더라도 메시지가 있는 A급 강사인가, 그렇지 않은 B급 강사인가에 따라 강의 수준과 강사료는 하늘과 땅만큼의 차이가 난다.

많은 이들이 잘못 알고 있는 또 다른 한 가지가 있다. 강사는 말을 잘하거나 웃기거나 하면 강의를 잘하는 명강사인 것으로 아는데, 이 역시 잘못된 생각이다. 강사는 말하는 능력보다 생각을 정리해 확신에 찬 의지를 전달하는 콘텐츠 기획력과 콘셉트가 중요하다.

나는 지난 10년간 수많은 강사들의 책을 코치하며 월 1,000만 원 이상의 수익을 올리는 상위 10퍼센트 이내의 전문 강사들의 특성을 파악했다. 모두 '자신만의 책'이 출간되어 있었고 책과 함께 고객을 모으는 마케팅을 잘 활용하고 있었다.

성공한 강사들은 이러한 점을 누구보다 잘 알기 때문에, 자신의 강의 능력을 계발하기 위해 끊임없이 공부하고 노력한다. 그러한 노력의 대표적인 방법이 책을 쓰는 것이다. 강의가 있건 없건 그리고 서울과 지방을 오가는 바쁜 일정 속에서도 끊임없이 자기 책을 쓴다. 그리고 매년 한 권 이상의 책을 쓰기 위해 큰 노력을 기울인다. 성공한 유튜버들 또한 책을 쓰려고 하는 이유는 책을 쓰는 순간 대우가 완전히 달라지기 때문이다.

전문 강사로 계속 활동할 수 있는지는 대략 2년 안에 결정된다. 당신이 클래스101, 탈잉, 숨고, 크몽 등에서 강사 또는 당신의 지식과 경험을 팔고 싶으면 꼭 책을 써야 한다.

"말은 되는데, 글쓰기가 약하면 어쩌죠?"

유능한 강사의 강의를 들어보면 청중을 압도하는 강력한 힘이 느껴진다. 왜 그럴까? 그들의 머릿속에는 이미 영화의 한 장면처럼 강의의 모든 상황이 담겨 있기 때문이다. 두세 시간 동안 강의할 내용과 청중의 반응까지 강사의 머릿속에 들어 있는 것이다. 이는 곧 자신이 하게 될 강의의 모든 내용을 미리 써봤다는 것을 의미한다.

성공한 강사들은 책을 쓰면 강의 준비가 완벽해진다는 것을 알고 있다. 책을 쓴다는 것은 머릿속의 생각을 종이에 정리하는 것이다. 방송인 주철환 PD는 "영상으로 된 모든 것은 글로 써진 것이다"라고 말했는데, 이 말은 곧 '글로 써지지 않은 것은 영상화할 수 없다'라는 뜻이다.

강의한다는 것은 홀로 무대에서 1인극을 하는 것과 같다. 강사의 머릿속에는 자기 강의에 대한 영상이 그려져야 한다. PPT 자료를 대충 만들어서 생각나는 대로 말하면 된다고 생각했다가는 오산이다. 만약 "저는 말은 되는데, 글쓰기는 약해서……. 그런데 책은 어떻게 쓰죠?"라고 묻는 강사가 있다면, 이렇게 말해주고 싶다.

"강사라는 직업 대신 다른 직업을 찾아보는 게 좋겠습니다."

최고의 강사로 성공하려면

성공한 강사들은 책을 쓰면 강사로서의 대우가 완전히 달라진다는 것을 알고 있다. 심지어 책이 있는 강사인가, 없는 강사인가에 따라서 강의 채택 여부를 결정하는 곳도 많다. 그리고 몇 권의 책을 썼느냐에 따라서 그 강사의 전문성을 판단하기도 한다.

강사를 섭외하는 담당자의 관점에서 한번 생각해 보라. 결정권자에게 강사를 추천할 때 어떤 사람을 채택해 결재를 올리겠는가? 기업에서는 섭외한 강사의 강의가 끝나면 평가를 하는데, 그 평가에는 강사뿐만 아니라 강사를 섭외한 담당자까지 포함된다. 그렇기 때문에 담당자는 검증된 강사를 찾아내서 이름을 올리게 된다.

그렇다면 섭외 담당자들은 검증된 강사를 어떻게 찾아낼까? 그들이 가장 선호하는 검증 방법이 바로 '책'이다. 즉 책을 쓴 강사인지, 책을 썼다면 어떤 분야에서 몇 권의 책을 썼는지를 확인하는 것이다. 그래서 새로운 강사를 섭외할 때는 강사가 쓴 책을 미리 구입해 리뷰를 해보고 나서 결정하는 경우도 있다.

요즈음 소셜 네트워크에 관한 강의로 한창 주가를 올리고 있는 C 강사가 있다. 그는 13권의 책을 썼으며, 2006년 9월에 첫 책을 출간한 후 해마다 두세 권을 출간했다. 요즈음 그는 강의 요청이 들어오면 선별해서 진행하고 있다. 그리고 해마다 2주간의 해외여행으로 재충전의 시간을 보낸다.

《자소서의 정석》(라온북, 2015)을 출간한 우민기 저자는 책을 쓸 당시 대기업에 근무 중이었다. 취업 준비생을 위한 자기소개서 강의를 주말마다 하고 있었는데 날카로운 눈으로 자기소개서 첨삭을 해주는 실력이 좋았다.

그는 퍼스널 브랜딩을 하기 위해 출간을 결심하고 책쓰기 코칭을 받기 시작했다. 회사 다니랴 주말에 강의하랴 바쁜 시간을 쪼개 6개월 만에 책을 출간했다. 내가 제시한 전략에 따라 당시 자기소개서 시장 1위였던 책과 차별화되는 디자인과 콘셉트를 잡았다. 그리고 출간하자마자 자기소개서 시장 1위로 올라섰다. 책 출간으로 자기소개서 분야의 최고 강사로 인지된 것은 물론이고, 이후 퇴사하고 자기소개서 전문 강사로 활동하며 취업 준비생 교육 시장에서 점점 그 영역을 늘려나가고 있다.

아직까지는 자신의 책을 쓴 강사가 그렇게 많지 않고, 그들도 실제로 책을 쓰는 것이 결코 쉽지 않음을 잘 알고 있다. 이러한 상황에서 당신이 강사라면 어떻게 하겠는가? 당신의 경쟁자들과 당신을 차별화할 수 있는 가장 강력한 무기는 바로 당신의 책을 갖는 것이다. 언제까지 망설이고만 있을 것인가? 최고의 강사로 성공하고 싶다면, 지금 즉시 책쓰기를 시작하라.

책쓰기와 글쓰기는 다르다

'책쓰기'와 '글쓰기'를 혼동해서 이해하는 사람들이 많다. 글을 써야 한 권의 책이 완성되는 것은 사실이지만, 책쓰기와 글쓰기는 분명히 다르다. 책쓰기와 글쓰기는 다음과 같은 네 가지 점에서 큰 차이가 있다.

글쓰기는 책쓰기의 일부

일반적으로 글쓰기 학원에서 가르치는 것은 문장력과 문법, 어휘력에 관한 내용이다. 다만 시나 소설을 쓰기 위한 아마추어 작가를 가르치는 곳에서는 문학적인 특성을 생각하게 하는 과정이 포함되는 정도다. 그래서 글쓰기 과정을 배우는 것만으로는 책을 쓰기가 쉽지 않다. 하나의 주제로 작은 제목 정도는 쓸 수 있지만, 50여 개의 작은 제목을 뽑아낸 다음 메시지를 찾고, 그에 관련된 자료를 모으고 나서 전체 원고를 3개월 동안 써 내려가는 과정에 대해서는 잘 모르기 때문이다.

그래서 생각을 바꿔야 한다. 글쓰기 능력이 문제가 아니라 책쓰기 능력이 관건이며, 책쓰기는 얼마든지 배울 수 있다는 생각을 가져야 한다. 당신 주변에서 책을 한 권이라도 출간한 사람에게 직접 물어봐야 한다. 아마 그런 사람을 찾기가 쉽지는 않을 것이다. 그러나 책을 한 권이라도 출간한 사람들은 두 번째, 세 번째 책을 쓰려고 하는 공통점이 있다. 그들은 첫 책을 쓰면서 책쓰기를 배웠기 때문에, 그다음 책을 쓰는 데 자신감이 생긴 것이다. 또한 책을 출간 후의 성취감과 보상도 기대한 것 이상으로 크다는 점도 작용한다.

원고지 매수와 A4 용지 매수의 차이

책쓰기는 200자 원고지로 700~800매 정도를 써야 신국판 규격으로 250페이지 정도의 책이 된다. A4 용지로는 100페이지 정도의 양이다. 그에 반해 글쓰기는 칼럼 기준으로 A4 용지 2~4페이지 정도에 지나지 않는다. 책쓰기는 많은 양을 쓰면서 일관된 '메시지'를 관통할 줄 알아야 한다. 짧은 글쓰기를 할 때와는 처음부터 접근법이 달라진다.

책쓰기에서는 '호흡'이 중요하다. 하루 이틀 만에 완성되는 일이 아니기에 자신만의 '책쓰기 호흡법'을 가지고 있어야 한다. 하루치

숨을 한 번에 몰아쉴 수 없는 것처럼, 하루치의 원고 작업을 지속적으로 해낼 수 있는 책쓰기 호흡을 익혀야 한다. 기분의 좋고 나쁨, 건강 상태의 좋고 나쁨, 그리고 외부 환경의 좋고 나쁨을 스스로 조절할 수 있는 그런 호흡을 익혀야 한다.

블루오션과 레드오션

출판사를 경영하고 있지만, 아직까지도 내 주변에는 책을 쓴 사람보다 쓰지 않은 사람이 훨씬 더 많다. 그래서 나는 책쓰기를 '블루오션(Blue Ocean)'이라 부른다. 그리고 더 중요한 사실은 책쓰기의 효과를 직접 보여주어도 책을 못 쓰는 사람들은 그 효과를 믿지 않는다는 것이다. 자동차가 세상에 등장한 후에도 마필(馬匹) 산업에 종사했던 사람들은 자동차 산업의 성공을 믿지 않았다. 그러나 자동차의 왕 헨리 포드(Henry Ford) 한 사람으로 인해 자동차는 대중화되었고, 마필 산업은 하루아침에 무너지고 말았다.

책쓰기도 이와 같다. 이제는 세상이 변했다. 당신은 책을 읽고 소비하는 '소비자'의 역할만 할 것이 아니라, 당신의 지식과 경험을 한 권의 책으로 만들어낼 수 있는 '생산자'로서의 역할도 해야 한다. 여기서 더 중요한 것은 블루오션일 때 시작해야 한다는 점이다. 경쟁자가 뛰어들기 전에 먼저 시작함으로써 당신만의 영역을 차지하고 있어야 한다.

반면에 글쓰기는 레드오션(Red Ocean)이다. 글쓰기만으로 무엇을 할 것인가? 칼럼을 쓰거나 블로그에 글을 올리는 정도로 만족할 것인가? 이제부터는 책쓰기를 시도하라. 아직까지는 책을 쓰는 사람이 인정을 받는다. 3개월만 투자하라. 단언하건대 당신이 인생의 반전을 꿈꾸는 사람이라면, 최우선적으로 해야 할 일이 책쓰기라는 것을 제안하고 싶다.

보상의 차이

당신이 운 좋게도 비어 있는 고객의 원츠(Wants)를 찾아서 당신의 메시지를 한 권의 책으로 만들어 세상에 내놓는다면, 새로운 기회를 만나게 될지 모른다. 기업체에서 프로젝트 제안이나 특강 의뢰가 올 수도 있고, 유명 출판사에서 선인세를 주며 두 번째 책을 출간하자고 제안해 올지도 모른다. 글쓰기로는 경험할 수 없는 놀라운 일들이 당신 앞에 일어날 것이다. 글쓰기의 보상은 당신의 브랜드를 높여 주는 정도의 효과만 가져다줄 뿐, 그 이상은 아니다. 하지만 책쓰기의 보상은 지금까지 경험할 수 없었던 엄청난 '기회'를 가져다준다.

J 박사는 학습법과 리더십, 요리 학습 분야의 책을 70여 권이나 출간했다. 1인 기업가인 그는 자기 책을 출간한 세 가지 분야에서 전문가로 통한다. 책을 출간한 이후 방송 출연을 비롯해서 수많은

강의를 할 수 있었고, 지금은 강사 과정 및 자격증 과정을 개설해서 억대 연봉자 대열에 합류했다. 그가 전문가로 인정을 받게 된 것은 자신의 책을 출간하면서부터다. 지금도 그는 책쓰기에 미쳐 있다. 그에게 책쓰기는 사업의 중요한 도구로 자리 잡고 있다.

2장

퍼스널 브랜딩 책쓰기 8단계

Branding

출판 프로세스 파악하기

책은 어떤 과정을 거쳐서 만들어질까

책을 쓰고 싶어 하는 사람이라면, 누구라도 출판하기까지의 전체 과정을 궁금해한다. 출판사와 계약하지 않은 상태에서 원고를 쓰기만 해도 되는 건지, 원고를 완성하고 나서 출판사를 찾아가야 하는 건지, 아니면 자비 출판을 준비해야 하는 건지 궁금한 점이 많아도 출판에 대해 알지 못하면 답답할 수밖에 없다.

그런 사람들을 위해 책을 쓰고 출판하기까지의 전체 과정을 살펴보기로 한다. 일반적인 출판 과정은 다음과 같은 순서로 진행된다.

1. 플래닝(Planning): 쓸거리 찾기 및 모으기, 시장조사, 콘셉트와 주제 결정 및 자료 정리, 출판 기획서 작성
2. 라이팅(Writing): 가제목 결정, 차례 정리, 머리말 쓰기, 본문 쓰기
3. 퍼블리싱(Publishing): 편집, 제작
4. 마케팅(Marketing): 홍보, 광고

플래닝: 책의 모든 것을 계획하고 준비하라

'책쓰기를 위한 계획'은 책의 모든 것을 준비하는 단계라고 할 수 있다. 책의 소재가 되는 쓸거리를 찾는 것에서부터 출간 후의 마케팅까지 전체 과정을 먼저 생각하고 준비하는 작업이다. 당신의 책을 구입해 읽어줄 타깃 고객을 정하고, 그들이 원하는 것을 찾아내는 것이다. 또한 이미 출간된 유사한 책을 비교 분석함으로써 차별화 요소를 찾아내는 단계이기도 하다.

쓸거리 찾기 및 모으기

'어떤 내용의 책을 쓸 것인지'를 먼저 정하고, 그에 맞는 자료를 수집해야 한다. 막연히 책을 쓰고 싶다거나, 반드시 써야 한다는 이유로 무작정 시작한다면 시간 낭비가 될 뿐이

다. 우선적으로 본인이 가장 자신 있는 분야를 정하고, 그에 맞는 책을 쓰는 데 필요한 쓸거리를 찾아내서 모아야 한다. 당신이 필요로 하는 쓸거리는 주변에서 접하기 쉬운 신문, 잡지, 책, 광고, 블로그, 카페 등에서 손쉽게 구할 수 있다.

시장조사

우선 대형 서점으로 시장조사를 나가라. 당신이 정한 쓸거리와 유사한 책이 있는지 확인하라. 유사한 책이 없다면 블루오션 상품이 될 가능성이 높다. 당신에게는 행운이다. 하지만 유사한 책이 있다면, 레드오션 상품이 될 가능성이 높으므로 철저하게 대비해야 한다. 유사한 책들을 비교 분석하고, 잘 팔린 책과 안 팔린 책의 원인을 생각해 보면서 그 이유를 찾아봐야 한다. 또한 그 책들의 강점과 약점 그리고 디자인과 편집 상태까지 꼼꼼하게 살펴봄으로써 당신이 쓸 책의 방향에 대해 미리 생각해 봐야 한다.

콘셉트와 주제 결정 및 자료 정리

'당신 책의 콘셉트는 무엇인가?'라고 물었을 때 자기 책의 콘셉트를 정확하게 말할 수 있어야 한다. 책쓰기에서의 콘셉트는 그 책에서 드러내고자 하는 저자의 생각을 말한다. 콘셉트와 주제를 정하면, 그에 맞는 샘플 북을 찾아서 준비하는 것도 잊지 말아야 한다. 그다음으로 할 일은 콘셉트와 주제에 맞는 자료를 본격적으로 찾는 것이다. 자료를 찾을 때는 당신이 정한 콘셉트와 주제와 연결할 수 있는 사건이나 사람, 이벤트, 이미지, 이론과 사례 등으로 나누어 체계적으로 수집하는 것이 좋다.

출판 기획서 작성

출판 기획서는 출판사에 출간을 제안하기 위해 작성하는 것이 아니다. 모든 일에는 밑그림이 있어야 하듯 출판에서도 마찬가지다. 출판 기획서는 책을 출간하기 위해 밑그림을 그리는 매우 중요한 작업이다. 잘 만든 출판 기획서는 책의 완성도를 높여줄 뿐만 아니라 판매율 상승으로 이어진다.

라이팅: 가제목과 차례부터 정하라

흔히 '라이팅' 단계를 본문 원고 작업으로 알고 있는데, 그렇지 않다. 가제목과 차례를 정하는 것부터가 책쓰기의 시작이라고 보면 된다.

가제목과 차례는 한 번에 진행하는 것이 효과적이다. 정해진 책의 콘셉트와 주제에 맞추어 6~8개의 큰 제목을 정하고, 다시 그에 맞는 50여 개의 작은 제목을 정해야 한다. 물론 이 작업이 결코 쉽지는 않다. 콘셉트와 주제가 있어도 그에 맞는 제목을 뽑아낸다는 것이 책을 처음 쓰는 저자들에게는 벅찬 일이다.

바로 이때 필요한 것이 샘플 북이다. 한두 권으로는 부족하고 다섯 권 정도는 되어야 빠른 이해가 가능하다. 당신이 나름대로 정한 샘플 북을 펼쳐서 차례 부분을 꼼꼼하게 살펴보라. 그런 다음 그와 유사한 형식으로 제목을 뽑아보라. 제목은 본문을 써 내려가면서 조금씩 바뀌기도 하니 처음부터 완벽하게 쓰지 않아도 된다.

머리말은 책에서 전하려고 하는 메시지의 핵심을 본문이 시작되기 전에 미리 밝히는 글이다. 당신 책을 읽게 될 타깃 독자들에게 왜 읽어야 하는지를 알려주는 곳이기도 하다.

머리말을 마치면 본격적으로 본문을 써 내려가며 원고 작업을 시작한다. 평소에 칼럼 형식의 짧은 글을 미리 써놓았다면 한 권의 책으로 만드는 데 어려움이 없겠지만, 처음으로 책을 쓰는 저자에게는 무에서 유를 창조하는 것처럼 힘든 과정일 수밖에 없다.

일단 책쓰기의 목표 기간을 정한 후, 그 기간 내에서 하루에 쓸 원고 분량과 시간을 배분해야 한다. 본문 쓰기의 전체 기간은 3개월 정도가 적당하고, 하루에 2~3시간 정도를 배분하는 것이 무난하다.

초고를 쓸 때 유의해야 할 사항은 처음부터 너무 완벽한 원고를 쓰려고 해서는 안 된다는 점이다. 초고를 쓰고 나서 수정을 거듭하다 보면 전체 일정과 진도에 차질을 빚게 된다. 그래서 대부분의 초보 저자들은 책쓰기를 시작하고 나서 1년이 넘도록 초고조차 마감하지 못하는 상황을 맞기도 한다.

원고 작업을 하다 보면 그날의 상황과 컨디션에 따라 쓰려고 하는 내용이 달라질 수도 있으므로, 처음에 설정한 차례 순서에 맞춰서 써야 한다는 강박관념을 가질 필요는 없다. 다만 주의할 점은 그렇다 하더라도 책의 메시지와 방향성을 잊어서는 안 된다.

퍼블리싱: 출판사를 결정하라

출판 단계는 당신의 책을 편집, 제작하게 될 출판사를 결정하는 것에서 시작된다. 출판사를 결정하는 것은 출판 방식에 따라서 약간의 차이가 있다. 일반적으로 출판 방식은 두 가지로 나눌 수 있다.

한 가지는 출판사에서 모든 출판 업무를 진행하고, 제작 비용까지 부담하는 '기획 출판'이고, 다른 한 가지는 저자와 출판사가 공동으로 진행하되 제작비용을 저자가 부담하는 '자비 출판'이다.

수익을 중시하는 출판사에서 기획 출판을 진행할 때 초보 저자에게 집필을 제안하는 데는 어려움이 따른다. 출판사도 수익을 내야 하는 사업체이다 보니 판매 가능성이 높은 책을 우선적으로 출간할 수밖에 없다. 이런 이유로 출판 시장에서 검증되지 않은 저자의 책이 출판사의 기획 출판으로 채택되는 경우는 매우 드물다.

일단 책이 출간되면 당신은 그 분야의 전문가로서 한 걸음 더 나아가게 된다. 그런데 책이 잘 팔린다면 더없이 좋겠지만, 판매가 부진했을 때 출판사의 입장은 어떨까? 그래서 출판사 사장들은 초보 저자에게 다소 냉정한 편이다. 심지어 "당신의 이름을 높이는 데 왜 우리가 비용을 대야 하는가?"라고 묻는 사람도 있다.

미국에서는 저자가 기획 단계에서부터 출간할 때까지 관여하고, 비용을 지불하는 출판 방식이 보편화되어 있다. 더욱이 전자책의 영향으로 그러한 사회적 분위기가 자연스럽게 받아들여지고 있다.

일반적으로 출판사에서 책 한 권을 출간하려면 2,000만 원 전후의 비용이 든다. 요즈음 초판 1쇄의 발행 부수를 2,000부로 잡았을 때 2쇄 4,000부 이상은 판매되어야 손익분기점을 맞출 수 있다. 당신은 책을 쓴 저자로서 자신에게 물어봐야 한다.

'내 책은 4천 명 이상의 독자가 사줄 수 있는 책인가?'

마케팅: 핵심고객을 붙잡아라

책이 출간된 후의 마케팅은 책이 세상에 나왔음을 알리는 '홍보'와 책을 구매하도록 유도하는 '프로모션'으로 나눌 수 있다. 신문 기사나 신문광고, 버스와 지하철의 광고판, 심지어는 라디오 등을 홍보와 광고 수단으로 이용할 수 있다. 광고와 홍보의 최종 목적은 출간되고 나서 초기에 핵심고객들의 구매를 유도하는 것이다. 최소한 책이 세상에 나왔음은 알려야 하지 않겠는가.

판매촉진을 위한 프로모션은 핵심고객들로부터의 구매가 이루어지고, 잠재고객으로의 판매를 확산시키려고 할 때 진행한다. 사실 책이 문화상품이라는 점을 감안할 때 사은품을 더 준다고 해서 고객이 구매를 결정한다고 확신할 수는 없다. 망설이는 고객에게는 효과적일 수도 있으나, 프로모션으로 인해 판매가 증가한다고 해도 진행 비용을 지출해야 하기 때문에 실익이 많지 않음을 염두에 두어야 한다.

그렇다면 광고와 홍보 단계에서 저자가 해야 할 일은 무엇일까? 유명 저자는 이름이 곧 마케팅이다. 소설가 무라카미 하루키는 《일인칭 단수》(홍은주 역, 문학동네, 2020)라는 책을

2020년 11월에 출간해, 2020년 소설 부문에서 베스트셀러에 오른 작품이다. 무라카미 하루키는 자신의 이름만으로 고객들을 움직인다. 이와 마찬가지로 당신도 당신 책을 마케팅하고 홍보할 수 있어야 한다.

비록 유명 저자는 아니라 하더라도 최소한 당신 주변 사람들에게라도 알리려고 노력해야 한다. 책이 출간되었음을 알리는 동시에 그들에게 당신의 책에 대해 입소문 내달라고 부탁해야 한다. 온라인도 적극적으로 활용하라. 인스타그램이나 페이스북 같은 SNS를 활용해서 당신을 아는 모든 사람에게 당신 책을 알려라.

무기가 되는 글감 찾기

나의 강점은 무엇인가

출판사 편집부에서는 책을 출간하고 싶다는 분들로부터 출판 기획서와 원고 검토 의뢰를 자주 받는다. 하지만 대부분은 형식적인 검토를 거쳐 나중에 연락드리겠다는 답변으로 마무리가 된다. 사실 출판사에 근무하는 대부분의 편집자들은 시간 부족에 시달린다. 사정이 그렇다 보니 출판 기획서의 제목을 보고 출간 여부를 판단해 버리고 만다. 이유는 대부분의 저자들이 자기 자신에 대한 생각조차 정리되어 있지 못함을 알고 있기 때문이다. 집중해서 팔릴 만한 책을 기획해야 하는 그들로서는 과거의 학습을 통해서 빠른 판단이 오히려 더 나은 결과를 가져온다는 사실을 이미 알고 있는 것이다.

당신이 지금 책을 기획하기로 결심했다면, 자신에게 먼저 질문을 해봐야 한다.

'나는 누구인가?'

'나는 어떤 일에 시간을 돈을 그리고 땀과 눈물을 흘렸나?'

질문에 대한 답으로 자신의 직업이나 직함, 아니면 이름, 아무개의 아빠 등 여러 가지 이야기가 나올 것이다. 하지만 책쓰기를 전제로 한 '나는 누구인가?'라는 질문은 '나의 강점은 무엇인가?', '나의 무기는 무엇인가?'라는 질문으로 바꿔서 생각하고 답해야 한다. 왜냐하면 책쓰기의 전제가 자신의 강점과 무기를 한 권의 책으로 만들어내는 것이기 때문이다.

우리는 자신에게 다음과 같은 세 가지 질문을 던져봄으로써 어느 정도 스스로에 대해 알 수 있다.

나의 강점과 무기는 무엇인가

강점은 재능과 지적 수준 그리고 기술로 정리할 수 있다. 국립국어원 표준국어대사전에 '재능'의 의미를 검색해 보면, '어떤 일을 하는 데 필요한 재주와 능력. 개인이 타고난 능력과 훈련에 의하여 획득된 능력을 아울러 이른다'라고 나온다. 하지만 이보다는 좀 더 현실적이고 구체적인 정의를 소개하면 다음과 같다.

> 우리는 재능이란 생산적으로 쓰일 수 있는 사고, 감정, 행동의 반복되는 패턴이라고 정의내렸다. 본능적으로 호기심이 강하다면, 그것은 재능이다. 매력적인 사람이라면, 이것도 재능이다. 인내심이 강하다면, 그것 역시 재능이다.
>
> – 마커스 버킹엄·도널드 클리프턴, 《위대한 나의 발견 강점혁명》, 청림출판, 2013

재능은 영속성이 있기 때문에 쉽게 바뀌지 않는다. 더구나 반복되는 패턴으로 습관화된 재능은 일정한 나이가 지나면 새로운 패턴을 만들어내지 못한다.

사람은 누구에게나 타고난 재능이 있다. 앞의 내용처럼 당신이 경쟁을 좋아하거나 인내심이 강하거나 책임감이 강하다면, 그것은 재능이다. 당신만의 반복되는 패턴이 있는가? 유심히 관찰해 보고 가족과 친구들에게 질문해 보라. 당신의 강점 중에서 '타고난 재능'이 당신 책의 고객과 책의 특성을 결정한다. 또한 당신과 같은 재능을 가진 사람들에게 통찰력을 전해줄 수 있는 좋은 무기가 된다.

'지식'은 당신이 경험한 것을 말한다. 비즈니스, 취미 활동, 학교생활 등의 경험을 통해서 머리와 가슴에 쌓여 있는 암묵적인 것이다. 그리고 '기술'은 자신 안에 축적된 지식을 구체화한 것이다. 머릿속에 있는 지식만으로는 고객들에게 메시지를 전할 수 없다. 구체화되고 형식화된 기술이 있어야만 고객들에게 전달할 수 있다.

당신은 어떤 강점을 가지고 있는가? 종이에 당신의 강점을 재능, 지식, 기술로 정리해서 모두 적어보라.

내가 특별히 잘 아는 일은 무엇인가

당신은 자기 분야에서 어느 정도의 경력을 가지고 있는가? 당신이 한 분야에서 10년 이상의 경험이 있다면, 당신은 그 분야의 전문가라는 평가를 받을 수 있어야 한다.

그렇다면 당신은 자기 분야를 잘 아는가? 여기서 '알다'의 사전적 의미는 '교육이나 경험, 사고 행위를 통하여 사물이나 상황에 대한 정보나 지식을 갖추다'이다. 정확한 정보와 지식을 갖춘 당신만의 이야기가 바로 당신의 강점이다. 당신을 알고 있는 주변 사람들이 어떤 문제에 부딪혔을 때 당신에 묻는다면, 당신에게는 그런 문제를 해결하는 능력이 강점일 수 있다. 또한 후배들이 당신에게 묻는 질문들 속에 당신의 강점이 있을 수 있다.

일과 인생에서 자기가 잘 아는 것으로 승부를 걸어서 성공한 사람들이 많은데, 그중에서 대표적인 사람이 투자의 귀재로 알려진 워런 버핏(Warren Buffett)이다. 워런 버핏은 1956년에 100달러를 가지고 투자 회사를 설립한 후 지금까지 끈기와 실제적인 사고, 사람에 대한 신뢰를 바탕으로 하는 사업에 도전해 성공과 행복을 모두 얻었다. 그는 평생을 자신이 잘 아는 일만 해온 것이다.

이 세상의 단 한 사람을 위해서라면, 누구를 위해 쓰고 싶은가

누구에게나 소중한 사람이 있다. 책을 쓸 때 그 소중한 사람을 생각한다면, 당신의 진심을 담을 수 있다. 당신이 이 세상을 떠날 때 단 한 사람에게 당신이 쓴 책을 전해주고 싶다면, 그는 누구인가? 사업을 시작한 아들? 수많은 사람들 앞에서 강의해야 하는 딸? 아니면 사랑하는 아내 또는 남편인가? 당신에게 가장 소중한 한 사람을 정하라. 그리고 그 사람을 위해서 책을 기획하고 써보라.

당신이 쓴 한 권의 책이 그 사람에게는 당신의 모든 것일 수 있다. 당신의 모든 것을 담아 그 한 사람에게 전하고 싶은 메시지를 고민하라. 책이 출간되고 나서 당신의 가장 소중한 사람이 그 책을 읽고 있는 모습을 상상하면 심장이 뛰고, 가슴이 벅차오르는 느낌이 들 것이다.

책의 심장과도 같은 '메시지'

메시지는 '한마디'로 표현되는 것이다. 그리고 책쓰기에서 메시지는 책 한 권을 한마디로 표현하는 것이다. 당신이 쓴 책에는 당신이 말하고자 하는 메시지가 담겨 있어야 한다. 당신이 지금까지 쌓아온 지식과 경험들은 다른 사람들에게서는 찾을 수 없는 당신만의 것이다. 책쓰기에서는 바로 그 메시지를 먼저 찾아야 한다.

사실 책을 기획할 때 가장 어려운 부분이다. 하지만 그 메시지는 책에 있어서 심장과도 같다. 당신이 쓰는 책 속에 심장이 펄떡이듯 힘찬 울림을 줄 수 있는 메시지에 대해서 고민해야 한다. 물론 매뉴얼이나 참고서와는 다르다. 단순 지식과 이론만을 정리한 것이 아니라면, 그 속에는 반드시 메시지가 존재한다. 책쓰기에서 메시지가 갖는 의미를 정리해 보면 다음과 같다.

- 메시지가 담긴 책은 사람을 살린다.
- 메시지가 담긴 책은 사람들이 꿈을 꾸게 만든다.
- 메시지가 담긴 책은 자녀 교육을 어떻게 해야 하는지 알려준다.
- 메시지가 있는 책은 좌절한 사람에게 소망을 준다.
- 메시지가 있는 책은 CEO에게 용기를 준다.

• 메시지가 있는 책은 은퇴자들에게 새로운 인생에 도전할 수 있는 희망을 준다.

내가 전하려는 메시지는 무엇인가

한 권의 책에 담겨 있는 하나의 메시지가 갖는 가치는 100만 원이 되기도 하고 1,000만 원이 되기도 한다. 메시지는 당신의 고뇌이자 삶의 치열함이며, 당신 얼굴의 주름이고 흰 머리카락의 열매다. 당신이 쓰는 책은 어떤 값어치의 메시지를 담고 있는가?

책을 기획하는 동안 그리고 책을 쓰는 동안 당신은 내면의 자신과 마주하게 된다. 지난 세월 앞에 당신이 경험한 모든 일들 앞에 미소와 자신감으로, 때로는 후회와 반성으로 내면의 자신과 마주한다. 그리고 고뇌한다.

'나는 어떤 메시지로 살아왔지?'

그리고 메시지를 정리하다 보면, 자신에게 3~4권의 책을 쓸 수 있는 메시지가 담겨 있다는 것을 발견한다. 아니, 어쩌면 수십, 수백 권의 책을 쓸 수 있는 메시지가 들어 있는지도 모른다. 그리고 이 책을 읽고 있는 당신은 지금까지 읽었던 수많은 책 속의 메시지에 의해서 지금의 당신이 있는 것이다. 책쓰기는 자신이 가지고 있는 내면의 메시지를 찾는 것에서부터 본격적으로 시작된다. 그래서 메시지는 스토리보다 더 중요하다.

한 개인의 삶을 메시지가 없는 스토리로 묶는 것은 상업적 책쓰기에서는 지양해야 한다. 삶의 스토리에서 메시지를 먼저 찾아야 한다. 그래서 그냥 대충 살아온 삶이라면 책을 쓰기가 쉽지 않다. 사실 책을 쓰려고 하는 사람치고 대충 살아온 사람은 없다. 삶에 대한 꿈과 열정이 있었기 때문에 세상을 향해 외치고 싶은 메시지가 있는 것이다. 당신이 쓰고 있는 책에는 어떤 메시지를 담을 것인가?

나의 메시지 찾기

1. 나의 강점은? (나는 ________를 잘한다)

____

2. 내가 특별히 잘 아는 일은?

____

3. 내가 지금까지 해온 일 중에서 가장 큰 성과를 거둔 일은?

____

4. 내가 지금까지 가장 오래도록 하고 있는 일은?

____

5. 지금 나를 설레게 하는 일은 ________이다.

____

6. 나이 어린 후배들에게 꼭 해주고 싶은 말은?

____

7. 3년 후에 나는 ________(직업/사업)을 하고 있을 것이다.

____

8. 나는 ________만 하면 행복하다.

____

9. 나는 ________를 타고났다(재능/재주).

____

10. 내가 쓰려는 책을 한마디로 소개하면?

____

11. 내 책의 메시지를 말한다면, 한마디로 무엇인가?

____

12. 내 책에 있는 새로운 가치는 무엇인가?

____

13. 내 책에만 있는 차별화된 소재는 무엇인가?

____

14. 내 책의 핵심 키워드를 다섯 가지 적는다면 무엇인가?

____

15. 사람들이 내 책을 사야 하는 이유는 무엇인가?

____

시장조사와 분석

당신의 고객은 누구인가

책을 쓰는 것은 예상 구매 고객(독자가 아니다)을 찾아내는 것에서부터 시작해야 한다. 당신이 쓴 책을 구입하는 고객은 책 자체가 아니라 책 속에 담겨 있는 가치를 구입한다. 따라서 당신이 쓰려고 하는 책에는 예상 구매 고객들이 원하는 가치가 담겨 있어야 한다.

'나의 고객은 누구인가?'

당신이 책쓰기를 시작할 때 가장 먼저 생각하고 고민해야 할 질문이다. 그리고 당신이 쓰게 될 책의 목적과 사명에 대한 정의를 내리는 유일한 출발점은 '고객'이어야 한다. 물론 판매를 위한 책이 아니라 개인적으로 소장하기 위한 용도나 지인들에게 나누어줄 용도로 출간하는 책이라면 상관없다. 하지만 일반 독자들에게 판매를 목적으로 하거나 자신의 비즈니스를 위한 무기로 삼고 싶은 책이라면, 가장 먼저 자기 고객에 대한 정의를 내려야 한다. 다음과 같은 질문을 자신에게 해봄으로써 고객에 대한 정의를 내릴 수 있을 것이다.

- 내 고객의 성별은 무엇인가?
- 내 고객은 연령대가 어떻게 되는가?
- 내 고객은 일반인인가, 전문가인가?
- 내 고객이 처한 현실과 상황은 어떤가?
- 내 고객의 가치관과 그들이 꿈꾸는 미래는 무엇인가?
- 내 고객의 구매 패턴은 어떠한가?
- 내 고객은 어떤 책을 구입하며, 주로 어디에서 구입하는가?

상업적인 목적의 책쓰기는 나를 마케팅하기 위한 도구로 사용하는 것과 같다. 당신이 목표로 삼은 고객에 대해 더 많은 것을 알수록 고객의 반응을 이끌어내는 제안을 할 수 있다. 당신이 쓴 책을 구입하는 고객은 책 자체가 아니라 책 속에 담겨 있는 가치를 구입한다. 따라서 당신이 쓰려고 하는 책에는 예상 구매 고객들이 원하는 가치가 담겨 있어야 한다.

예를 들어 프로야구단이라면 티켓을 판매하는 것이 아니라 야구장을 찾은 관중들에게 재미와 즐거운 경험을 팔아야 한다. 당신이 쓴 책을 통해서 독자들이 얻고자 하는 가치를 제공해 줄 때 그리고 같은 욕구를 가진 고객들이 점점 더 많아질 때 당신의 책은 베스트셀러에 오를 수 있는 기회를 얻게 된다.

예상 고객을 설정하고 관찰하라

그렇다면 당신이 가장 먼저 해야 할 일은 무엇일까? 우선 당신 책을 구입하게 될 예상 고객을 정한 다음, 그들을 집중적으로 관찰하면서 특징들을 메모해야 한다. 이때 주의할 점은 당신 마음대로 상상해서는 안 된다는 점이다. 모든 사람들이 당신처럼 생각하고 행동한다는 생각에서 벗어나야 한다. 예상 고객을 정하고 나서 책쓰기를 하면, 그들의 생각이 나와 다르다는 것을 알게 될 것이다.

예상 고객을 정했는가? 그렇다면 이제는 서점에 나가서 당신의 고객이 될 사람들을 관찰해야 한다. 당신 책이 놓이게 될 매장에서 고객들이 구입하는 책을 관찰하고 메모하라. 또한 그곳을 찾는 사람들의 특성을 찾아보고, 궁금한 점이 있으면 주변 사람들에게 직접 물어보라. 당신이 놓치고 있었던 새로운 정보를 얻게 될 것이다.

또한 서점 조사와 함께 인터넷 조사도 병행하라. 당신의 예상 고객들이 모여 있는 인터넷 카페에 가입해서 당신이 쓰고자 하는 책과 관련된 아이디어를 물어보기도 하고, 책의 제목에 대한 의견도 물어보라. 이러한 조사와 관찰을 통해서 당신이 머릿속에 그렸던 고객과 현실에서의 고객은 많이 다르다는 사실을 알게 될 것이다.

2000년대 중반 자기 계발서 열풍과 함께 최고의 베스트셀러 작가 반열에 오른 이지성 작가의 책을 읽어보지 않은 사람을 찾아보기 힘들 것이다. 설사 그의 책을 읽어보지 않았더라도 《꿈꾸는 다락방》이라는 책 제목은 누구나 한 번쯤 들어봤을 것이다.

이지성 작가는 고객 중심적인 사고를 하는 사람이다. 그는 《리딩으로 리드하라》에서 인문학적 책 읽기를 쉽게 풀어서 말하고 있다. 그가 왜 이런 책을 썼는지 생각해 보자.

한국 사회에 '인문학' 열풍이 불기 시작하면서 인문학 관련 책이 대량으로 출시되었다. 그러나 인문학이 좋은 학문이고, 우리에게 필요한 학문이라는 것은 알지만 독자들에게는 너무 어렵게 다가왔다. 사정이 그렇다 보니 독자들은 인문학을 쉽게 이해할 수 있는 책을 원했다. 이지성 작가는 그러한 고객의 마음을 찾아내서 자신의 책에 담아낸 것이다.

더욱 중요한 것은 이지성 작가를 찾는 고객들이 자기 계발에 열심인 사람들이라는 점이다. 자기 계발에 열심인 사람들은 새로운 트렌드나 사회현상에 주목하는 특성이 있기 때문에, 그의 책에 열광적으로 반응했던 것이다.

그는 무려 14년 7개월이라는 무명작가 시절을 거쳐 《여자라면 힐러리처럼》과 《꿈꾸는 다락방》으로 단번에 스타 작가로 떠올랐다. 고객들은 왜 그의 책에 반응한 것일까? 14년 7개월간 그에게 무슨 일이 있었던 것일까? 당신도 그의 입장이 되어서 생각해 보라.

그에게 14년 7개월은 '고객'을 배우는 시간이었을 것이다. 그는 자기 책을 구입할 예상 고객을 찾아낸 후 집중적으로 연구, 분석함으로써 그들의 마음을 단번에 감동시킬 수 있는 내공을 쌓았을 것이다. 나는 이지성 작가의 책에서 그가 고객의 생각을 읽어내기 위해 끊임없이 고민한 흔적을 느낄 수 있었다.

경영의 구루로 불렸던 피터 드러커는 기업 활동의 핵심은 새로운 고객을 모으고, 기존 고객을 유지하는 것이라고 정의했다. 새로운 거래를 만들어내고 유지하는 것이 비즈니스의 요체라면, 상업적 책쓰기도 이와 다르지 않다.

당신은 비즈니스맨이다. 당신이 쓴 책을 통해서 고객을 만족시켜야 하며, 앞으로 출간될 책의 예비 구매 고객을 만들어야 한다. 또한 반복적으로 당신 책을 구매하는 것은 물론, 다른 사람들에게 입소문을 내주는 충성 고객을 만들어야 한다.

비즈니스는 거래 관계를 만들어가는 게임이고, 첫 거래가 가장 중요하다. 마찬가지로 책쓰기에서도 첫 책이 중요하다. 첫 책을 쓰면서 고객을 정의하고, 고객을 관찰하며, 고객을 통해서 배우는 자세로 책을 써라. 그렇게 하면 첫 책이 조금 부족하고 고객의 반응이 신통치 않더라도 다음 책의 완성도를 높일 수 있는 경험을 쌓을 수 있다.

비즈니스에서도 처음부터 성공하는 경우는 매우 드물다. 몇 번의 시행착오를 겪으면서 고객과의 접점을 찾아낼 때 대박이 나는 것이다. 항상 고객을 생각하고 고객을 바라보는 습관이 성공적인 결과를 만들어낸다. 책쓰기를 시작한 당신은 '고객 바라기'가 되어야 한다. 고객의, 고객을 위한, 고객에 의한 책쓰기가 이루어졌을 때 성공적인 결과를 만들어낼 수 있다.

15,000원의 가치가 있는 책인가

우리가 15,000원으로 구매할 수 있는 상품 중에서 가장 많은 사람들의 선택을 받는 상품은 커피가 아닐까 한다. 사실 이 돈이면 두 사람이 분위기 있는 커피숍에서 고급 커피 두

잔과 케이크 한 조각을 주문할 수 있다. 실제로 직장인들 사이에서는 점심 식사 후에 커피를 마시는 게 하나의 문화처럼 여겨지고 있다. 그런 영향으로 우리나라 커피 시장은 불황을 모른 채 고속 성장을 질주하고 있다.

그런데 어제오늘의 일은 아니지만, 사람들은 커피를 마시는 데는 기꺼이 돈을 지불하면서도 책을 구입하는 데는 매우 인색하다. 커피보다 책이 더 가치 있다는 것을 알면서도 말이다.

따라서 상업적인 책쓰기를 시작할 때는 그 책을 읽게 될 사람, 즉 고객(독자)에 대한 연구가 선행되어야 한다. 책쓰기 역시 좋은 물건과 서비스를 준비해서 구매자들에게 팔아야 하는 비즈니스와 같다. 그리고 비즈니스의 성패는 얼마나 많은 재구매가 반복해서 일어나느냐에 달려 있다.

마찬가지로 상업적인 책쓰기의 성패 역시 얼마나 많은 사람들이 구매를 해주는지 그리고 구매한 사람들이 얼마나 많이 입소문을 내주느냐에 달려 있다. 이러한 결과를 만들어내기 위해서는 당신이 쓴 책에 사람들이 원하는 그 무엇이 들어 있어야 한다. 비록 15,000원에 불과한 한 권의 책이지만, 그 안에서 뭔가를 얻을 수 있도록 고민하고 기획해야 하는 것이다.

당신이 쓰게 될 책은 독자들에게 어떤 이익을 줄 수 있는지 스스로에게 물어보라.

- 15,000원을 주고 내 책을 구입해야 하는 이유가 있는가? 있다면 그것은 무엇인가?
- 내 책을 통해서 사람들이 위로를 얻을 수 있는가?
- 내 책을 통해서 사업에 관한 아이템을 얻을 수 있는가?
- 내 책을 통해서 돈 버는 방법을 얻을 수 있는가?
- 내 책을 통해서 건강관리에 관한 비결을 얻을 수 있는가?
- 내 책을 통해서 고객은 시간, 돈, 비용을 더 벌 수 있는가? 아니면 줄일 수 있는가?

이러한 물음 외에도 당신이 쓰게 될 책을 통해서 독자들이 어떤 이익을 얻을 수 있는지 생각하고 또 생각해 보라.

당신의 경쟁자는 누구인가

출판 사업을 시작한 후 주변에서 원고를 보내는 분도 있고, 책쓰기와 출간에 대해 문의하는 분들이 많아졌다. 처음에는 개별적으로 만나서 상담을 해주었지만, 점차 문의가 늘어나다 보니 일일이 상담하고 답변하는 데 한계가 있었다. 그래서 고민한 끝에 '성공책쓰기아카데미'과 '책쓰기 코칭'이라는 아이디어를 생각해 냈고, 상설 프로그램으로 만들어 시작하게 되었다.

내가 진행하는 '성공책쓰기아카데미'에는 '당신의 경쟁자는 누구입니까?'라는 주제의 프로그램이 포함되어 있다. 성공책쓰기아카데미 자체가 기존의 다른 책쓰기 프로그램들과 많이 달라서 참가자들로부터 좋은 반응을 얻고 있다. 특히 전체 교육 과정에서도 '경쟁자를 파악하는' 프로그램은 책쓰기에 관한 새로운 시각과 더불어 도전 의식을 키워주었기 때문에 참가자들의 반응은 뜨거웠다.

당신이 책을 쓰기로 결심한 후 가장 먼저 인식해야 할 점은 책을 상품으로 바라보아야 한다는 점이다. 기업에서는 신제품을 출시하기 전에 경쟁 상품과 자사 제품을 철저하게 비교 분석한다. 그러한 과정을 통해서 경쟁 상품의 약점을 찾아내고, 그 약점을 파고들 수 있는 아이디어와 방법을 고민한다. 그렇게 하지 않으면 시장에서 성공할 수 없기 때문이다. 책이라는 상품도 여느 상품과 다르지 않다.

잠시 이 책을 덮고 생각해 보라. 당신이 쓰고 싶은 책의 경쟁자는 누구인가? 그 책의 제목과 저자 이름, 출판사 등에 대해서 생각해 보았는가?

이 질문에 대한 답이 떠오르지 않는다면, 책쓰기를 잠시 멈추고 곧바로 서점으로 달려가라. 그런 다음, 당신이 쓰려는 책이 출간되면 어떤 분야의 어느 위치에 놓여서 고객들에게 판매될 것인지를 세밀하게 살펴보라. 더불어서 경쟁자들의 책을 연구하라.

경쟁 도서를 면밀히 분석하라

당신이 쓰려는 분야의 책이 이미 시장에 나와 있지는 않은가? 만약 있다면 그 책의 강점과 약점이 무엇인지 분석해 보라. 내용 분석은 물론이고, 책 자체에 대한 분석도 해야 한다. 제목과 표지디자인, 가격과 바코드 분류까지 샅샅이 쪼개서 살펴봐야 한다. 그리고 판매율이 높은 책은 왜 높은지, 판매율이 낮은 책은 왜 낮은지를 스스로 분석해서 그 원인을 정리해 봐야 한다. 그래야만 실제로 출간되었을 때 성공적인 결과를 얻을 수 있다.

다시 한 번 강조하지만, 모든 비즈니스의 성패는 경쟁자와의 싸움에서 결정된다. 수요보다 공급이 넘쳐나는 오늘날의 비즈니스 환경에서 고객의 선택을 받기 위해서는 경쟁자를 알아야 한다. 경쟁자의 강점과 약점 그리고 고객이 당신의 경쟁자들을 왜 선택했는지를 알고 있어야 한다. 비즈니스는 총성 없는 전쟁이다. 당신의 적은 경쟁자이고, 전쟁의 목표는 승리하는 것뿐이다.

요즘처럼 다양한 책이 쏟아지는 출판 환경에서는 책쓰기를 전쟁에 비유할 정도로 경쟁이 치열하다. 당신이 책쓰기 전쟁에 나선 이상 반드시 승리해야 하고, 그렇게 하려면 가장 먼저 경쟁자를 알아야 한다. 당신 자신의 실력도 중요하지만, 더 중요한 것은 경쟁자의 실력이다. 즉 책쓰기와 출판 전쟁의 열쇠는 당신 자신에 대해서가 아니라 경쟁자를 분석한 상태에서 그에 맞는 전술을 구사해야 하는 것이다.

경쟁자를 규정하고 분석해야 하는 이유는 바로 '방어하기에 충분한 한 구획'을 찾기 위함이다. 그러니 방어하기에 충분한 당신만의 한 구획을 찾아내라! 적절한 순간에 고객들의 기억 속에 파고들 수 있는 당신과 당신 책의 '한 단어'를 찾아야 한다. 게릴라가 전쟁의 판도를 완전히 바꾸어놓을 수는 없다. 그러나 초점을 좁혀서 집중하면 그 시장의 강자가 될 수 있다. 심지어 중국과 베트남은 게릴라전에서 승리함으로써 국가를 세울 수 있었다.

경쟁력을 위해서는 차별화된 콘텐츠가 중요하다

당신은 어떤 콘텐츠를 가지고 있는가? 당신이 집중해서 쓸 당신만의 차별화된 이야기가 있다면 충분히 승산이 있다. 책을 쓰려는 사람들 중 대부분은 치열한 목적의식이 없는 것 같다. 한 번 왔다 가는 인생에 책 한 권은 남겨야 한다는 생각에서 자신의 생각을 쓰고, 책으로 출판하고 싶어 한다. 하지만 그것뿐이다. 그 이상의 책쓰기를 하려면 좀 더 가치 있는 책을 써서 자신을 알리고, 세상 사람들에게 가치와 이익을 주어야 한다.

나는 2013년 본격적으로 출판 사업을 시작한 후 너무나 바쁜 시간을 보내고 있다. 기존의 출판사들이 해왔던 방식이 아닌 나만의 게릴라전을 수행함으로써 전쟁에서 승리할 수 있었다. 출판 사업에서부터 책쓰기에 관련된 강의와 코칭까지 눈코 뜰 사이 없이 살고 있다.

나는 출판 사업을 준비하는 동안, 나 자신에게 끊임없이 물었다.

- 내 경쟁자는 누구인가?
- 경쟁자들의 강점과 약점은 무엇인가?
- 경쟁자들과 나의 차별화 포인트는 무엇에 두어야 하는가?

그리고 책쓰기 코칭을 시작할 때도 마찬가지였다.

- 책쓰기 코칭 분야의 1등은 누구인가?
- 1등의 강점과 약점 그리고 고객은 누구인가?

• 1등과 나의 차별화 포인트는 무엇에 둘 것인가?

2020년 기준으로 우리나라에는 70,444개의 출판사가 있다(대한출판문화협회에서 발행한 《2021 한국출판연감》 참고). 하지만 나는 끊임없는 질문을 통해서 경쟁자를 넘어서기 위한 방법을 찾았고, 지금은 성공적으로 출판 전쟁을 수행하고 있다.

내가 끊임없는 질문을 통해서 찾은 해답은 '비고객(Non Customer)', 즉 지금까지 시장의 강자들이 주목하지 않았던 고객을 내 고객으로 만들겠다는 결정이었다. 어쩌면 당신도 내 고객 중 한 사람일지 모른다.

이 책은 기존의 책쓰기에 관한 책들과 다르며, 출판 사업을 모르는 책쓰기 작가들의 책들과도 다르다. 책쓰기에 관한 책이라면, 적어도 그 책을 읽은 사람이 실제로 원고를 써서 책으로 출판할 수 있도록 길잡이 역할을 해주어야 하지 않겠는가?

책쓰기를 시작하고 나서 완성된 원고가 책으로 제작되어 나왔을 때 그 책을 직접 보고, 그 책이 서점에서 판매되는 경험을 하면 두 번째 책은 더 좋은 내용으로 더 멋진 책을 쓸 수 있게 될 것이다. 당신은 책쓰기 전쟁을 어떻게 시작하겠는가?

'팔리는 책'을 만들려면 차별화를 고민하라

책을 쓰면서 '고객'과 '경쟁자'를 분석했다면, 이제는 '차별화'를 고민해야 할 차례다. 그런데 차별화라는 것이 결코 쉽지 않다. 경쟁자와 다른 나만의 강점을 찾기도 어려운데, 그 강점을 특별한 것으로 만들어야 하니까 말이다. 게다가 '남 중심적 사고'와 '다르게 생각하는 법'을 대부분의 사람들은 잘 모른다. 사람들은 자신에게만 관심을 갖는 자기중심적 사고를 하기 때문이다. 그래서 '차별화'는 지속적으로 연습하고 훈련되어야만 효과를 발휘할 수 있다.

사실 자기 책을 출간한 사람들 중에서도 처음부터 유명 작가로 데뷔하는 사람은 매우 드물다. 짧게는 수년에서 길게는 10여 년에 걸쳐서 인고의 시간을 보내며 여러 권의 책을 출간하고 나서야 세상 사람들의 인정을 받는다. 바로 그 시간이 '차별화'의 시간이다.

흔히 '팔리는 책'에는 '심장을 뛰게 하는 책'과 '머리를 맑게 하는 책'의 두 종류가 있다. 심장을 뛰게 하는 책은 저자 본인의 경험담을 주로 이야기하는 책이다. 그래서 사람들은 성공담이나 실패담, 죽다 살아난 이야기, 실패를 딛고 일어나 성공한 사람의 이야기를 읽으면서 위로를 받기도 하고, 용기와 희망을 얻기도 한다. 독자 자신을 뛰고 싶게 만들면서 격려도 하고 위로를 주는 책이다. 예를 들어 《김미경의 리부트》

(김미경, 웅진지식하우스, 2020), 《더 해빙 The Having》(이서윤·홍주연, 수오서재, 2020), 《나의 하루는 4시 30분에 시작된다》(김유진, 토네이도, 2020), 《타이탄의 도구들》(팀 페리스, 박선령·정지현 역, 토네이도, 2017) 같은 책이 그렇다.

머리를 맑게 하는 책은 한마디로 지식을 알려주는 책이다. 피터 드러커나 필립 코틀러(Philip Kotler)의 책들은 수십만 부가 팔리지는 않지만, 일단 출간되면 스테디셀러로 꾸준하게 판매된다. 이들이 쓴 책을 읽으면 경영이나 마케팅 등 자신이 속한 분야의 지식과 통찰력이 깊어져서 실질적인 도움이 된다. 예를 들어 《프로페셔널의 조건》(피터 F. 드러커, 이재규 역, 청림출판, 2012), 《미래형 마케팅》(필립 코틀러, 세종연구원, 1999), 《부의 추월차선》(엠제이 드마코, 신소영 역, 토트출판사, 2013), 《워런 버핏 바이블》(리처드 코너스·워런 버핏, 이건 역, 에프엔미디어, 2017) 같은 책이 그렇다. 이러한 책을 자세히 관찰해 보면, '차별화'라는 공통점이 있다는 것을 알게 될 것이다.

세 가지 강점으로 차별화하라

우리 주변을 돌아보면 '3'이라는 숫자와 연관된 이야기가 참 많은 것 같다. '인생에는 세 번의 기회가 있다', '남자는 평생 세 번만 운다', '셋까지만 센다!'라는 표현을 자주 쓰는데,

이는 아마도 우리가 '3'이라는 숫자를 완전한 숫자로 여기기 때문일 것이다. 그래서 사람들은 중요한 결정을 내릴 때 '3'이라는 숫자와 연관시켜서 생각하는 것이 일반적이다. 심지어 축구 경기에서 한 선수가 세 골을 넣으면 '해트트릭(Hat Trick)'이라고 해서 특별하게 부르기도 한다.

이처럼 '3'이라는 숫자는 우리의 마음을 흔드는 묘한 매력이 있는 것 같다. 그런데 책을 쓰기로 결심한 사람들에게도 '3'이라는 숫자가 매우 중요하다. 당신이 차별화를 위한 노력의 효과를 보려면, 세 가지의 차별화 요소가 있어야 하기 때문이다. 책쓰기에서 차별화를 실현하려면 '관점의 차별화', '콘텐츠의 차별화', '메시지의 차별화'라는 세 가지 요소를 생각해야 한다.

첫째, 저자 자신만의 '차별화된 관점'이 있어야 한다

박소연 작가의 《일 잘하는 사람은 단순하게 합니다》(더퀘스트, 2019)를 보자. 그의 책과 유사한 동기부여 관련 서적은 서점에 수백 권이 넘는다. 그럼에도 불구하고 그의 책은 어떻게 해서 성공할 수 있었을까?

박소연 작가의 《일 잘하는 사람은 단순하게 합니다》는 오랜 시간 동안 실제 직장에서 경험한 노하우를 깔끔하게 정리했다. 그냥 어느 책에나 나와 있는 이론만 모은 내용이 아니다. 일 잘하는 사람들은 뭐든 단순하면서도 효율적으로 한다는 자신의 경험을 바탕으로 본인의 차별화된 관점을 만들었다. 그리고 자신이 쓰는 책에 그러한 관점을 반영하고 있다. 고객들은 그러한 관점을 보기 위해 계속해서 그녀의 책을 구입하는 것이다.

이처럼 심장을 뛰게 하는 책이든 머리를 맑게 하는 책이든 먼저는 저자 자신의 차별화된 관점으로 책쓰기가 기획되고 시작되어야 한다. 문제와 현상을 바라보는 차별화된 당신만의 관점이 중요하다. 어디서 한 번쯤 들어본 것 같은 이야기도 당신의 관점으로 이야기하면 주변 사람들이 귀 기울이고 들어주는 그런 콘텐츠를 찾아야 한다.

만약 당신이 리더십과 동기부여를 다루는 강사라고 하자. 하지만 서점에는 그런 주제의 책들이 넘쳐난다. 그렇다고 포기해서는 안 된다. 당신만의 차별화된 관점을 찾아내고 그런 관점으로 책을 쓰려고 노력해 보라. 그렇게 하면 기존의 책들과는 다른 당신만의 차별화된 관점을 갖게 될 것이다.

둘째, '차별화된 콘텐츠(지식 또는 스토리)'가 필요하다

저자는 자신만의 지식과 스토리로 승부해야 한다. 혹시 '책쓰기는 글쓰기와 다르다'라는 말을 들어본 적이 있는가? 이 말은 글쓰기를 잘 못하는 보통 사람들에게 힘과 용기를 줄 수는 있겠으나, 그렇다고 해서 아무 글이나 써서 책으로 출간 해도 된다는 뜻은 아니다.

책쓰기를 해본 사람은 알겠지만, 한 줄 한 줄 원고를 쓰다 보면 '이 원고가 노트북에서 날아가면 어떡하지?'라는 생각을 할 때가 있다. 비록 글쓰기 능력은 조금 부족하더라도 자신이 쓴 원고만큼은 마치 내 분신이자 자식 같은 생각이 드는 것이다. 내 머리와 가슴속의 이야기를 눈으로 볼 수 있는 원고로 만들어낼 때의 그 기분을 경험해 보지 않은 사람은 절대로 모른다.

당신에게 주변에서 물어보는 이야기가 있는가? 어떤 문제만 생기면 당신을 찾는가? 어떤 곳에 당신이 있으면 그 사람들이 좋아하는가? 당신이 꺼내기만 하면 반응하는 이야기가 있는가? 바로 이런 것들이 당신만의 차별화된 콘텐츠가 될 수 있다.

단 알려줄 것이 있다. 자신에게 어떤 종류의 차별화된 콘텐츠가 있는지 궁금하다면, 일단 책쓰기를 시작해야 한다. 실제로 책쓰기를 해봐야만 내 마음속 빙산의 아랫부분에 감추어져 있던 멋진 이야기를 발견할 수 있게 된다.

셋째, '차별화된 메시지'가 있어야 한다

고객이 당신 책을 구입해서 얻고자 하는 것이 무엇이라고 생각하는가? 책 속에 담긴 수많은 지식과 이야기라고 생각하는가? 아니다. 고객은 '단 하나의 메시지'를 원한다. 감동의 메시지, 위로의 메시지, 눈물의 메시지, 성공 경영을 위한 메시지 등 당신이 책을 통해서 고객에게 전달하고자 하는 메시지는 다른 책에서는 볼 수 없는 차별화된 단 하나의 메시지면 충분하다.

차별화된 메시지에는 진실성이 있다. 고객의 마음을 움직이는 책을 쓰고자 한다면, 진실을 담고자 고민해야 한다. 그리고 고객은 당신 책 속에 담겨 있는 진실의 깊이가 얕은지 깊은지를 단번에 안다. 그래서 책쓰기는 글쓰기와 다르다.

책을 읽다 보면 중간 부분까지는 좋은데, 뒤로 갈수록 다르게 느껴지는 책이 있다. 그런 책은 저자의 초심이 변했기 때문이다. 책은 어느 정도 저자의 마음 상태와 컨디션의 영향을 받기 때문에, 같은 메시지를 쓰려고 해도 약간의 차이가 나타날 수 있다. 따라서 책을 쓰는 동안에 안정된 심리 상태와 건강을 유지하는 것도 매우 중요하다.

당신만의 진실한 메시지, 이 세상의 단 한 사람에게 전하고 싶은 당신만의 진짜 이야기를 써보고 싶지 않은가?

나의 고객 찾기

1. 내 고객은 누구인가? (나이, 성별, 직업, 특성)

2. 내가 쓰는 책의 고객은 누구인가?

3. 고객이 필요로 하는 것은 무엇인가?

4. 고객이 원하는 것은 무엇인가?

5. 경쟁하는 책은 무엇이며, 그 책이 가진 강점은 무엇인가?

6. 경쟁하는 책이 채워주지 못한 고객이 원하는 것은 무엇인가?

7. 내가 만들 책의 콘셉트를 한 문장으로 적어보라.

Branding 3단계 : 구성1

콘셉트와 콘텐츠 찾기

'니즈'가 아니라 '원츠'다

출판계에서는 1990년부터 2007년까지의 기간을 우리나라 단행본 출판의 황금기로 부른다. 당시는 산업사회에서 지식사회로 전환되는 시기였고, IMF라는 전대미문의 경제위기는 직장인들에게 더 이상 회사가 나를 지켜주지 않는다는 생각을 갖게 만들었다.

그 결과 직장인들은 자기 계발에 더 많은 관심을 갖게 되었고, 출판 시장에서는 '자기 계발'과 '동기부여'라는 특화된 영역이 자리를 잡게 되었다. 유명 출판사들 중 21세기북스, 다산북스, 쌤앤파커스 등은 그 시기에 출판 사업을 시작해서 중견 출판사로 발돋움했다.

당신의 책이 고객들의 반응을 일으키려면 책 속에 '니즈(Needs)'와 '원츠'가 들어 있어야 한다. 당신의 고객들은 책의 모든 영역에서 그 내용을 확인하고 싶어 한다. 그렇다면, 고객의 니즈와 원츠는 무엇일까?

먼저 니즈와 원츠의 개념부터 살펴보자. 일반적으로 '욕구'로 표현되는 니즈는 '~하고 싶다'는 의미보다는 '필수적'인 성격을 담은 '필요'의 개념이다. 반면에 원츠는 '필요'보다는 '원하는 것'의 의미로 좀 더 세분화된 것이다. 예를 들어 다이어트를 하고 싶은 사람이 살을 빼고 싶다는 '욕구'와 '필요성'이 니즈라면, '어떻게 살을 뺄까?', '어떤 다이어트 프로그램을 선택할까?'라는 것이 바로 원츠다. 소비자의 원츠에는 제품, 가격, 디자인, 서비스 등 구매를 결정하는 여러 가지 요인이 담겨 있다.

오늘날은 상품이 넘쳐나는 시대로, 공급은 수요를 초과하고 고객의 눈높이는 점점 더 높아져가고 있다. 이러한 경향은 책이라는 상품에도 그대로 적용된다. 하루에도 수백 종의 신간이 출간되고, 고객들의 눈은 점점 더 까다로워지고 있다. 이처럼 공급이 수요를 초과해 상품이 넘쳐날수록 고객의 니즈보다는 원츠를 파악하고, 그에 걸맞은 책을 기획해 출간하는 것이 중요하다.

출판 시장 역시 공급이 수요를 초과하는 시장으로 바뀌었고, 고객의 입장에서는 선택의 폭이 넓어진 만큼 니즈는 충족된 것으로 봐야 한다. 따라서 이제는 '니즈'라는 큰 범주보다는 '원츠'라는 좀 더 세분화된 구매 충족 요인을 갖추어야 한다. '필요'와 '원하는 것'은 분명히 다르다. 고객의 '원츠'를 파악해야만 당신의 책을 차별화시킬 수 있다.

당신이 쓴 책을 구매해 줄 고객들 주위에는 이미 수많은 책이 있으며, 지식과 정보를 얻고 싶어 하는 고객들의 니즈에 부합하는 책은 너무나 많다. 그렇기에 제목, 차례, 표지디자인 그리고 콘텐츠에 고객의 원츠를 충족시키는 요소가 들어 있지 않으면 고객들로부터 선택받을 수 없다.

고객들은 단순한 읽을거리를 위해서 책을 구매하는 것이 아니다. 책을 구입하려는 욕구에 더해서 주제와 제목, 입소문과 광고, 저자, 출판사, 디자인, 가격 등을 모두 고려한 후 자신의 원츠에 따라 책을 선택하게 된다.

다양한 경로로 고객의 원츠를 찾아라

고객의 원츠는 소득수준과 구매 패턴, 성별, 나이, 사회적 지위, 직업 등 여러 요인에 따라 달라진다. 자기 계발 도서를 구입하려는 고객들 중에는 신문광고나 서평 등을 중시하는 고객도 있고, 무조건 대형 서점에 나가서 직접 눈으로 확인하고 나서 구매를 결정하는 고객도 있다. 또한 회사나 모임에서 추천하는 책은 무조건 구매하고 보는 고객도 있다. 이처럼 고객의 원츠는 사람마다 천차만별이다. 따라서 고객의 원츠를 파악하는 것은 니즈에 맞추는 것보다 훨씬 더 어려울 수 있다. 하지만 나만의 개성을 추구하려는 경향이 더욱 뚜렷해지고 있다. 취향을 중시하는 고객의 원츠를 반영하지 않은 기획과 출판은 결코 성공할 수 없다.

말을 타고 다니던 시대의 사람들에게 "어떤 운송 수단을 원하는가?"라고 물어본다면 어떻게 대답할까? 물론 그 당시에는 자동차가 없었기 때문에, 그들은 오직 더 빠른 말을 원했을 것이다. 하지만 오늘날에는 그 당시의 가장 빠른 말을 자동차가 대체했다. 이러한 변화와 기술적 혁신이 가능했던 이유는 그 당시 사람들의 '필요'에 의해서가 아니라 그들이 간절히 '원했기' 때문이다.

당신이 쓰려거나 쓰고 있는 책의 기획도 마찬가지다. 지금 보이는 현상에 너무 집착한 나머지 '보이는 니즈'에만 초점을 맞춰서는 안 된다. 다양한 경로를 통해 시장조사를 충분히 함으로써 고객의 원츠를 찾아낸 후에 책쓰기를 시작해야 한다.

최근에 만난 출판사 관계자들의 말에 따르면, 코로나19로 인해 이처럼 책이 안 팔린 때가 없었다고 한다. 하지만 나에게는 그들의 말이 고객의 원츠를 잘못 파악했다는 말로 들렸다. 대형 출판사나 작은 출판사 그리고 지금 책을 쓰고 있는 당신이 고객의 원츠를 파악하지 못한 채 책을 기획해서 출간한다면, 그것은 이미 실패를 작정하고 시작하는 것이나 마찬가지다.

코로나19로 인해 미래가 5년 이상 앞당겨졌다. 그에 따라 사람들의 니즈와 원츠도 함께 변한다. 이러한 환경은 책을 쓰려고 하는 사람들에게 오히려 기회가 되기도 한다. 그 기회를 잡으려면 변화하고 있는 고객의 원츠를 찾아내야 한다. 고객 속으로 들어가서 그들의 속마음을 관찰하고, 직접 물어보면서 다양한 시각으로 사회현상을 조합해 봐야 한다. 또한 블로그나 인터넷 커뮤니티 분석을 통해서 고객의 니즈를 찾아내는 한편 미국이나 일본, 중국의 해외 트렌드까지 조사해 봐야 한다.

고객의 원츠를 파악하는 지름길은 '남 중심적인 사고'와 '고객 관찰'에 있다. 오늘 하루, 당신은 남 중심적 사고와 고객 관찰을 위해 얼마의 시간을 투자했는가?

어떤 콘텐츠를 담을 것인가

고객과 경쟁자 그리고 나만의 강점을 찾아냈다면, 이제는 콘텐츠다. 주변 사람들이 내게 가장 많이 묻는 질문 중의 하나가 '책 속에 담을 콘텐츠'에 관한 것들이다. 흔히 책의 '소재' 또는 '주제'로도 불리는 콘텐츠를 찾는 일은 처음으로 책쓰기를 하는 사람에게는 결코 쉽지 않은 문제다. 그래서 내가 알고 있는 두 가지 사례를 통해서 독자의 이해를 돕고자 한다.

지금 당신이 보고 있는 이 책은 '책쓰기'에 관한 콘텐츠를 담고 있다. 그렇다면, 나는 '책쓰기'라는 콘텐츠를 어떻게 찾았고, 그것을 어떻게 책으로 쓰게 되었을까?

내가 처음 책을 쓰겠다고 마음먹은 때에 나는 사업 현장에서 새로운 분야에 도전하면서 쌓은 경험과 지식 그리고 삶의 지혜를 체계적으로 정리해서 사업과 관련된 책을 쓰겠다고 결심했다. 하지만 나 역시 당신이 그랬던 것처럼, 현재의 일이 바쁘고 많다 보니 실행에 옮기지 못한 채 차일피일 미루게 되었다. 그리고 책을 어떻게 써야 할지 몰랐기에 책 쓰는 일보다 더 급하고 중요한 일들이 항상 우선순위에 있었다.

그러던 중에 출판 사업을 시작하게 되었고, 그 후 주변 사람들로부터 책쓰기와 출판에 관한 질문이 쏟아져 들어왔다. 나는 그제야 책을 쓰고 싶어 하는 사람들이 많다는 사실을 알게 되었다. 그리고 주변을 둘러보니 책을 쓰고 싶어 하는 사람은 많은데, 책쓰기를 안내해 주는 책이 너무 부족하다는 것을 발견했다. 내가 쓸 책의 콘텐츠는 이렇게 해서 찾아낼 수 있었다.

자, 여기서 중요한 문제가 하나 있는데, 책쓰기의 주제로 삼을 콘텐츠를 과연 자신이 소화할 수 있느냐 하는 것이다. 앞에서 이미 설명했던 것처럼 고객과 경쟁자 그리고 나 자신에 대한 이해와 정리 없이는 아무리 가능성 있는 콘텐츠를 찾았다고 해도 본인이 직접 소화해낼 수 없다면 아무 소용이 없다. 만약 당신이 출판사의 경영자나 편집자라면 그 콘텐츠를 소화할 수 있는 저자를 찾아내서 기획 출판을 하는 것이 가능하겠지만 말이다.

나는 이 책의 콘텐츠를 '책쓰기에 관한 책'으로 정한 후 나 자신에게 다음과 같은 질문을 던졌고, 그에 대한 해답을 찾기 위해 노력한 결과 최종적으로 선택할 수 있었다.

- 책쓰기 책의 고객은 누구인가?
- 책쓰기 책의 경쟁자는 누구인가?
- 책쓰기 책을 나는 집필할 수 있는가?
- 이 책을 써야 하는 이유는?
- 이 책을 통해 얻고자 하는 것은?
- 이 책을 출간한 후에 내게 일어날 일들은?

내게 맞는 콘텐츠를 찾는 세 가지 기준

책을 쓰기 위해서는 콘텐츠를 찾아야 하는데, 막상 어떻게 찾아야 할지 감이 잡히지 않을 수 있다. 다음에 나오는 세 가지 기준을 활용하면 콘텐츠 찾기에 도움이 될 것이다.

내 주변에서 찾아보라

성공의 기회가 나와 전혀 동떨어진 곳에 있지 않은 것처럼, 당신이 찾는 콘텐츠는 현재 당신이 서 있는 곳 주변에 존재한다는 사실을 알아야 한다. 흔히 주변 사람들은 신문이나 방송, 잡지에서 찾아보라는 조언을 하지만, 그런 것들은 당신 주변에 숨어 있는 책쓰기 콘텐츠를 찾기 위한 안내자들에 불과하다.

《미국에서 컵밥 파는 남자》(송정훈·컵밥 크루, 다산북스, 2018)를 보자. 이 책에는 노량진 길거리에서 파는 컵밥을 가지고 20년 넘은 낡은 푸드트럭 한 대로 5년 만에 미국 전역에 21개의 매장을 만들고 매출 300억 원을 돌파한 놀라운 이야기가 있다.

그는 이 책의 콘텐츠를 어떻게 찾았을까? 다른 곳에서 찾을 필요가 없이 그의 삶이 바로 콘텐츠였다. 그가 콘텐츠로 삼은 '성공 스토리'에는 사람들의 관심을 끄는 매력이 있다. 사람들은 입지전적인 인물을 동경하고, 성공 스토리를 읽으면서 본인도 그렇게 되는 꿈을 꾼다.

송정훈 저자의 이야기는 많은 사람에게 자극을 줬다. 또한 자영업자로서 사업 전략에 관심이 있는 사람부터 열정적인 인생이 궁금한 사람까지 다양한 독자층도 있었다. 게다가 책 출간 이전에 방영된 다큐멘터리를 통해 이미 그에 대해 알고 있어서 책으로 만나는 것을 반가워하는 사람도 있었다. 책이 나온 후에는 강연에 초대되어 많은 사람에게 감동을 전하기도 했다. 결국 그에게 책은 그의 콘텐츠를 남들이 가질 수 없는 자신만의 고유한 것으로 단단하게 만들어주는 역할을 해준 것이라 볼 수 있다.

내가 관심을 갖는 것에서 찾아보라

《철부지 시니어 729일간 내 맘대로 지구 한 바퀴》(라온북, 2020)라는 제목의 책이 있다. 이 책의 저자는 현재 70대인 안정훈 저자다. 안 저자는 퇴역 군인으로 은퇴 후 우연히 혼자 떠나게 된 러시아 여행길에 즉흥적으로 세계 배낭여행을 결정해 버렸다. 이후 그는 책 제목에서처럼 729일 동안 전 세계를 돌아다녔다. 20대 청년들도 마음을 먹고 떠나는 배낭여행을 당뇨에 고혈압까지 가지고 있는 어르신이 아무런 준비도 없이 떠난 것이다.

여행이 주는 위험과 불안도 있지만 그것을 뛰어넘는 심장의 떨림을 좇아 발길 가는 대로 떠난 여행길은 그를 지금껏 살아왔던 삶과 다른 길로 인도했다. 그리고 이 삶은 저자만의 고유한 콘텐츠가 되어 책으로 출간하기에 이르렀고, 이후로도 시니어 여행가로서 여전히 발길 닿는 대로 즐겁게 살아가고 있다.

당신은 어떤 관심을 가지고 살아가는가? 당신이 관심을 쏟는 곳에 당신이 쓸 책의 콘텐츠가 숨어 있다는 것을 명심하라. 음식, 취미, 운동, 여행, 사업 등 평소부터 당신이 관심을 가졌던 것에 시선을 옮겨보면 당신이 책으로 쓰고 싶은 콘텐츠가 보일 것이다.

내가 필요성을 느끼는 것에서 찾아보라

책은 인간이 발명한 도구 중 가장 위대한 것들 가운데 하나로 인정을 받고 있다. 책을 통해 선조들의 경험과 지식이 후손들에게 체계적으로 전해짐으로써 인류 문명은 발전을 거듭할 수 있었다. 후손들은 '필요성'이 느껴질 때마다 책을 읽었다. 일찍부터 읽어두었던 책들은 사람의 됨됨이를 가르쳤으며, 정보와 기술 관련 책들은 더 나은 삶을 만들어주었다.

책을 읽은 사람과 읽지 않은 사람은 삶의 질이 다르다. 책을 읽은 사람의 삶의 지평은 그가 읽은 책만큼 크다고 할 것이다. 바로 이러한 '필요성'에서 책쓰기의 콘텐츠를 찾아야 한다. 당신은 삶을 살아가면서 부족함을 느끼는 영역이 있는가? 이 책을 쓴 나는 출판사를 경영하며 저자 발굴의 필요성을 가졌고, 누구든지 책을 쓰게 만들고 싶다는 필요성에서 이 책의 콘텐츠를 찾았다.

나는 '책쓰기 책'을 통해 무명의 저자들을 발굴해서 좋은 책을 기획 출판하겠다는 필요성을 갖게 되었다. 당신 역시 내가 그랬던 것처럼 당신만이 느끼는 필요성이 있을 것이다. 그 필요성을 분명히 해야 한다. 그리고 그 필요성이 다른 책을 통해 채워지고 있는지를 살펴봐야 한다. 아마 유사한 책들이 나와 있을 것이다. 그렇지만 실망하지 마라. 당신이 쓰고자 하는 책에 당신만의 관점과 메시지만 있다면 성공의 가능성은 충분히 있다.

차례가 책쓰기의 99퍼센트를 결정한다

책쓰기를 기획하는 단계에서 마지막으로 해야 할 일은 '차례'를 정하는 것이다. 차례는 충실하고 구체적이어야 한다. 책을 많이 읽은 노련한 고객은 차례만 보고도 책의 내용을 파악할 수 있으며, 구입 여부를 결정하기도 한다. 그리고 책의 차례가 빈약해 보인다면, 그것은 저자가 차례의 중요성을 인식하지 못해서 나타난 결과라고 할 수 있다. 따라서 아무리 책의 내용이 좋아도 본문을 대표하는 차례의 제목이 약하다

차례의 구성과 우선순위

책 제목 > 큰 제목 > 작은 제목

큰 제목 1 – 작은 제목 1
– 작은 제목 2
– 작은 제목 3
– 작은 제목 4
– 작은 제목 5
– 작은 제목 6
– 작은 제목 7
⋮
큰 제목 2 – 작은 제목 1
– 작은 제목 2
– 작은 제목 3
– 작은 제목 4
– 작은 제목 5
– 작은 제목 6
– 작은 제목 7
⋮

면, 고객의 선택을 받는 데 어려움이 따를 수밖에 없다.

일반적으로 차례는 '큰 제목'과 '작은 제목'으로 나뉜다. 이 둘은 굵은 폰트를 사용해 쉽게 눈에 띄도록 디자인하기 때문에, 고객의 니즈와 원츠에 맞춰서 잘 뽑아야 한다. 그리고 얇은 폰트로는 각각의 제목에 대한 짧은 설명을 덧붙여준다. 그런 다음 큰 제목을 주제에 맞추어 각 장(章)으로 분류한 후, 그 장에 대한 간략한 설명을 덧붙임으로써 차례가 완성된다.

당신이 쓰게 될 책의 차례가 완성되면, 비로소 완전한 책으로서의 기본 틀이 마무리되는 것이다.

책쓰기를 기획하는 단계에서의 차례는 초고를 써 내려가며 달라지기도 한다. 그리고 원고를 쓰는 중에 또는 원고를 탈고한 후에라도 차례의 제목을 변경하는 것은 언제든지 가능하다. 그리고 앞서 말한 바와 같이 책의 제목과 전달하려는 메시지와 가장 잘 어울리는 차례 제목이 나오도록 원고를 탈고하는 순간까지 끊임없이 생각해야 한다. 다시 한 번 강조하지만 '경쟁력 있는 차례'라야만 고객의 지갑을 열 수 있다는 점을 잊지 말자.

당신이 쓰게 될 책의 차례 구성에 도움이 될 만한 책을 여러 권 선택해서 모델로 삼으면 좋다. 현재 경제경영 분야의 자기 계발 도서를 예로 들면, 대략적인 차례의 구조는 5~6개의 큰 제목과 그 아래에 8~9개의 작은 제목으로 이루어진다. 앞 페이지를 참고하기 바란다.

《작은 가게에서 진심을 배우다》(김윤정, 다산북스, 2020)는 외진 마을 고기리에 있는 작은 가게를 8년 만에 매출 30억 원을 달성하는 유명 맛집으로 성장시킨 '고기리막국수' 김윤정 대표의 비결과 노하우를 담은 책이다. 이러한 콘텐츠를 책쓰기의 소재로 구상하고 있는 저자에게는 좋은 모델이 될 것이다. 차례 구성은 다음과 같다.

추천의 글

곁들이는 글: 먼 길을 돌아 지금 이곳에

시작하는 이야기: 손님의 마음까지 사로잡으려면

1장 설렘: 장사는 손님이 오기 전부터 시작된다

좋아하니 계속하고, 계속하니 깊어집니다

손님의 이야기를 담는 공간

공간을 팝니다

가격을 올리는 것보다 중요한 것

기다림이 설렘이 되도록

작은 것만 봅니다

서로 다른 두 사람이 펼치는 운영의 묘

2장 맞이: 화려한 서비스보다 정교한 진심으로

좋은 상권보다 중요한, 찾아오게 만드는 힘

메뉴가 이것밖에 없어요?

역지사지를 담은 메뉴

식당의 소리는 식당이 만드는 것

여기가 화장실 맞아요?

직원을 위하는 일이 곧 손님을 위하는 일

사소한 곳에서 묻어나는 위생

알면 더 맛있어지는 맛

5장 여운: 다시 찾게 되는 가게의 매력

다시 오고 싶은 식당만의 정서

발 빠른 대응 이전에 공감의 말

오랜만에 와도 바뀌지 않아야 할 것

특별한 날 오고 싶은 식당

손님들과 함께 흐르는 시간

평범한 식당이 특별해지는 순간

들기름막국수 2.0

마치는 이야기: 결국 손님의 마음에 스며드는 것

감사의 글

– 김윤정, 《작은 가게에서 진심을 배우다》, 다산북스, 2020

팔리는 제목과 표지디자인

제목으로 책을 집어 들게 만들어라

고객의 시선을 끄는 표지디자인은 눈에 띄는 제목과 함께 할 때 더 큰 힘을 발휘한다. 고객의 시선을 사로잡는 표지디자인과 함께 "아, 저 책이야!"라며 책을 집어 들게 만드는 것이 바로 제목의 힘이다. 좋은 제목을 만들어내기 위해 출판사 편집자들은 몇 날 며칠을 고민하면서 수십, 수백 가지 제목을 적어보기도 한다.

휴머니스트 출판사 김학원 대표는 자신의 책 《편집자란 무엇인가》(휴머니스트, 2009)에서 제목에 대해 다음과 같이 정리하고 있다.

- 책의 주제와 내용, 특징을 잘 담았는가?
- 분야나 독자층과 잘 어울리는가?
- 서점에서 독자의 시선을 붙잡는가? 부제나 표지와 잘 어울리는가?
- 기억하기 좋은가? 입에서 입으로 옮기기 좋은가?
- 5년이 지나도 여전히 좋을까?

– 김학원, 《편집자란 무엇인가》, 휴머니스트, 2009

당신의 생각은 어떤가? 당신이 쓰고 있는 책의 제목에 대해 생각해 보았는가? 제목을 짓는 능력은 타고나는 것이 아니다. 물론 처음부터 잘하는 사람도 있지만, 대부분은 관심과 연습 그리고 반복적인 학습에 의해서 순간의 영감을 적어본 사람이 제목을 지을 수 있다.

과거 한스미디어에서 출간해 밀리언 셀러를 기록한 《아침형 인간》(사이쇼 히로시, 최현숙 역, 2003)의 출간 스토리를 전해 들은 적이 있다. 제목과 관련해서 한스미디어 대표는 '새벽을 여는 아침형 인간', '건강한 아침형 인간', '성공하는 아침형 인간', '아침형 인간이 성공한다', '당신도 아침형 인간이다', '이제부터 아침형 인간이다' 등 120여 가지의 제목을 적어봤다고 한다. 그리고 몇 날 며칠을 고민한 끝에 내린 결정이 '아침형 인간'이었다.

이 책은 서점에 입고되자마자 대박이 났다. 서점 평대에 책이 올라오는 족족 고객들이 집어 가서 1시간 만에 300여 권이 팔려 나간 적도 있다고 한다. 물론 이러한 밀리언 셀러가 책의 제목만으로 만들어지는 것은 아니다. 하지만 분명한 것은 뛰어난 제목 없이는 결코 불가능하다는 사실이다.

2020년 8월에 《화 잘 내는 좋은 엄마》(장성욱, 라온북, 2020)라는 제목의 책이 출간되었다. 이 책은 부모인 자신이 아이에게 화를 내는 진짜 이유를 들여다보고, 아이의 마음을 다치지 않게 부모가 먼저 자기 안에 있는 화를 이해하고 인정할 수 있는 길을 가르쳐준다.

아이를 키워본 사람들은 알 것이다. 아이에게 자신도 모르게 불같이 화내고 나중에 후회하는 경우들이 생각보다 많다. 또한 적절한 훈계 방식을 몰라 그저 참는 것이 답이라 생각하는 경우도 있다. 모든 부모는 기본적으로 아이에게 좋은 부모가 되고 싶다는 마음이 있다. 이 책은 그런 대상 독자들에게 화를 좋은 방법으로 잘 풀어야 좋은 부모가 될 수 있다는 것을 제목에서부터 알려준다. 또한 '화를 내는 것이 좋은 엄마라고?'라는 궁금증을 들게 해 한 번쯤 책을 펼치고 싶게 만든다.

위에 소개된 제목들은 책을 쓰고 있거나 준비 중인 예비 저자들에게는 책의 제목를 짓는 데 도움이 되는 사례라고 생각한다.

제목 짓는 연습을 시도하라

지금 가지고 있는 원고에 대한 제목을 어떻게 만들어보고 싶은가? 책의 주제를 잘 나타내면서도 예상 독자의 마음을 사로잡을 만한 제목을 짓는 것이 중요하다.

나 역시 출판사를 경영하고 있지만, 좋은 제목은 눈에 띌 수밖에 없다. 그리고 많이 팔린 책의 제목은 마음에 와닿고, 기억에도 오래 남는다. 다음은 2023년 2월 셋째 주에 '교보문고' 베스트셀러 리스트에 오른 제목들이다.

- 《김미경의 마흔 수업》(김미경, 어웨이크북스, 2023)
- 《원씽(The One Thing)》(게리 켈러·제이 파파산, 구세희 역, 비즈니스북스, 2013)
- 《만일 내가 인생을 다시 산다면》(김혜남, 메이븐, 2022)
- 《DO IT 두잇》(데이비드 차, 아크, 2023)
- 《K 배터리 레볼루션》(박순혁, 지와인, 2023)
- 《불편한 편의점》(김호연, 나무옆의자, 2021)
- 《기분이 태도가 되지 말자》(김수현, 하이스트, 2022)
- 《불편한 편의점 2》(김호연, 나무옆의자, 2022)
- 《슈퍼리치보다 해피리치를 꿈꿔라》(한지우, 미디어숲, 2023)
- 《오늘 밤, 세계에서 이 사랑이 사라진다 해도》(이치조 미

사키, 권영주 역, 모모, 2021)

이처럼 베스트셀러 리스트에 오른 제목을 생각하면서 당신이 쓸 책의 제목을 미리 만들어보는 연습을 해야 한다. 매력적인 제목은 결코 우연히 떠오르지 않는다. 눈에 띄는 제목을 만들어내기 위해서는 최소한 다음과 같은 노력을 기울여야 한다.

- 고객과 경쟁자를 생각하며 열심히 찾고 뒤진다.
- 인터넷에서 당신의 책과 관련된 분야의 제목들을 검색한 후 비교 분석한다.
- 서점에 나가서 베스트셀러에 오른 책의 제목을 적어온다.
- 신문이나 잡지를 보면서 인상적인 문구를 메모한다.
- 영화나 연극 등을 볼 때도 제목과 관련된 영감이 떠오르면 기록해둔다.
- 제목으로 사용할 단어를 찾는다.
- 제목을 보완할 수 있는 부제를 찾는다(좋은 제목과 부제가 조화를 이루었을 때 고객이 책을 집어 든다).

책에 제목을 붙이는 것은 최적의 단어와 문구를 찾아내는 과정이다. 책의 내용을 한눈에 보여줄 수 있는 핵심 단어를 찾고, 경쟁자의 책을 통해서 벤치마킹해야 할 것과 하지 말아야 할 것을 찾는 것이다. 그리고 제목을 만들기 위해 수집한 자료를 바탕으로 다양한 조합을 만들어보면서 수십, 수백 가지 제목을 떠올리고 적어봐야 한다.

다음 내용은 《편집자란 무엇인가》에 소개된 여섯 가지 유형의 제목이다. 출간된 책의 제목 대부분은 이러한 여섯 가지 유형에서 크게 벗어나지 않는다.

- '명사'형(토지, 객지, 아리랑, 연어)
- '명사+명사'형(노인과 바다, 사랑방 손님과 어머니, 이성과 광기)
- '형용사+명사'형(외딴 방, 슬픈 열대, 하얀 전쟁)
- '구, 절+명사'형(모리와 함께한 화요일, 성공하는 사람들의 7가지 습관, 아무도 미워하지 않는 자의 죽음)
- '문장'형(바람과 함께 사라지다, 오빠가 돌아왔다, 엄마를 부탁해)
- '의성어, 의태어' 조합형(어 그래, 앗! 수학이 수군수군, 와우, 물렁물렁한 책)

– 김학원, 《편집자란 무엇인가》, 휴머니스트, 2009

눈에 띄는 제목을 찾아보고, 직접 써보고, 적용해 봐야 한다. 당신의 책이 고객의 눈에 띌 수 있도록 수집 가능한 모든 자료를 찾아서 비교, 분석해 보기 바란다.

표지디자인으로 시선을 끌어라

어느 날 약속 시간이 남아 무작정 근처 서점으로 향했다. 그리고 이 책 저 책을 둘러보기 시작했다. 드디어 눈에 띄는 책 한 권을 발견했다. 그러고는 책을 집어 들고 보기 시작했다. 당신도 이런 경험을 한 번쯤 해봤을 것이다.

혹시 당신은 서점을 방문한 한 사람의 독자가 한 권의 책을 선택하기까지 어떤 생각의 경로를 밟아왔는지 고민해 본 적이 있는가? 그리고 독자들이 서점에서 책을 둘러보다가 우연히 책을 구입하는 경우가 얼마나 되는지 당신은 알고 있는가?

인터넷 서점이 등장하기 전에는 많은 출판사가 신간을 출간할 때 독자엽서를 넣었다. 독자엽서의 설문을 통해서 구입 경로와 구입 방식 그리고 책의 만족도 등을 파악할 수 있었다. 그렇게 해서 파악된 조사 결과에 의하면 '서점에서 우연히 책을 보고' 구입하는 독자들은 전체 구입자의 30~40퍼센트에 달했다.

물론 지금은 책에서 독자엽서가 사라졌다. 인터넷 서점의 후기나 댓글, 서평 등이 독자엽서를 대신한다. 하지만 지금도 우연히 서점에서 책을 보고 또는 홍보 문구나 광고를 접하고 구입하는 30~40퍼센트의 독자가 여전히 존재한다.

이 수치는 책쓰기를 시작했거나 준비 중인 당신에게는 상당한 기회가 있음을 보여준다. 우연히 책을 구매하는 고객이 있다는 사실, 그것도 30~40퍼센트에 달한다는 수치는 상당히 고무적이다. 그렇다면 그들은 어떤 방식으로 책을 선택하는 것일까?

서점에는 어림잡아도 수만 권의 책이 있다. 서점의 진열대는 책의 표지가 보이도록 진열하는 '평대'와 책등이 보이도록 진열하는 '서가' 두 가지가 있다. 일반적으로 보면 종류에 따라 구분된 전시 공간의 앞부분과 중앙에는 평대가 있고, 코너의 벽면을 감싸고는 서가가 놓여 있다.

이러한 서점의 두 가지 진열 방식으로 인해 표지디자인은 책의 첫인상을 결정짓는 중요한 요소가 될 수밖에 없다. 표지디자인은 다른 책과 함께 놓여 있는 당신의 책을 돋보이게 해주기 때문이다.

국내 대형 출판사들은 보통 한 달에 10종 이상의 신간을 시장에 내보낸다. 그리고 그중에서 고객의 반응이 높은 책에 마케팅을 집중한다. 사정이 이런데도 당신 책을 남의 손에만 맡겨둘 수 있겠는가? 물론 책을 전문적으로 편집하고 제작하는 출판사인 만큼 그들에게 맡겨두어도 기본 이상의 표지디자인은 나온다. 하지만 그렇게 해서는 여러 신간들 중의 하나가 될 뿐이다.

지금은 내 이야기가 피부에 와닿지 않겠지만, 당신이 원고를 탈고해 보면 알게 된다. 당신이 심혈을 기울여 탈고한 원고는 마치 본인의 분신 같은 애착이 들 것이다. 수개월 또는 수년의 시간과 노력을 들여서 완성한 원고를 정신없이 바쁜 출판사에만 맡겨두고 싶겠는가?

자비 출판도 마찬가지다. 사실 '자비 출판'이라는 표현은 조금 바뀌어야 한다고 생각한다. 엄밀히 말하면 '셀프 출판'이 가장 정확한 표현이다. 그런 의미에서 원고와 제작비만 건네주고 출판사에서 알아서 하도록 내버려 두는 것은 옳지 않다. 그 어느 출판사도 그 책의 고객을 저자보다 더 잘 알지는 못한다.

표지디자인을 진행할 때 바로 이런 마인드가 중요하다. 당신이 원고를 써오는 동안, '이 책을 ○○가 읽었으면 좋을 텐데……'라고 생각했던 점들을 표지디자인에 담도록 고민해야 한다. 표지디자인을 진행할 때 다음과 같이 점들에 대해 스스로 생각해 보고 의문을 가져보라.

- 현재 표지디자인의 트렌드는 어떠한가?
- 책의 종류, 특징, 제목 그리고 본문의 내용이 드러나는가?
- 출판 방향과 편집자의 의도, 책의 메시지가 보이는가?
- 타깃으로 삼은 독자층에 집중했는가?
- 서점과 서가의 환경에서 고객의 시선을 끌 수 있는 요소는?
- 학교나 기업 도서관, 개인 서가의 소장 방식까지 고려한

것인가?

• 인터넷 서점에서 눈에 띄는 표지디자인인가?

이때 서점에서 경쟁자의 책을 조사해야 하며, 서점에서 눈에 띄는 책을 골라 분석해야 한다. 또한 현재 베스트셀러의 책들을 분석하라. 특히 무명 저자나 무명 출판사의 뜨는 책은 놓치지 말아야 한다.

온라인에서 보이는 표지디자인을 체크하라

독자들은 인터넷 서점에서 다음과 같은 두 가지 경로로 책을 보고 구매한다. 첫째는 메인 화면이나 코너 화면에서 눈에 띄는 책을 선택한다. 물론 표지디자인, 제목, 차례, 서평, 구매 후기 등을 꼼꼼히 보고 결정한다. 둘째는 검색 창에서 제목, 저자, 출판사 등을 입력해서 선택한다. 이 경우에는 우연은 없다. 대체로 오프라인 서점에서 이미 검증해 봤거나 지인이 추천하는 책을 조금 저렴하게 구입하기 위한 경우다.

인터넷 서점에서 구입하는 독자들은 컴퓨터 모니터에서 보이는 책을 검색해가며 책을 고른다. 여러 책들 중에서 독자의 눈에 들어야 한다. 그렇기 때문에 다른 책보다 먼저 눈에 띄는 책에 마우스를 갖다 대고 클릭하도록 만들어야 한다. 유행에 뒤진 표지디자인은 고객의 선택을 받지 못한다. 물론 저자의 지명도나 검증된 전작이 있는 경우는 예외일 수 있다.

모든 온라인 쇼핑몰이 그러하듯 인터넷 서점 역시 고객의 시선은 왼쪽에서 오른쪽으로 이동한다. 그래서 왼쪽에는 표지, 오른쪽에는 제목과 부제가 주로 표시되어 있다.

인터넷 서점에서 볼 때 표지디자인은 책을 가장 잘 표현해 주어야 한다. 당신의 책이 '가로 2센티미터, 세로 3센티미터' 정도의 크기로 고객에게 소개된다. 이때의 느낌을 고려해야 한다. 표지 이미지를 잘 디자인하고 만들어야 하는 이유가 바로 여기에 있다.

모든 디자인이 그러하듯 표지디자인도 쉽지 않다. 표지디자인을 전문으로 하는 디자이너의 세계도 수준이 높은 디자이너와 그렇지 않은 디자이너가 있다. 이때의 차이는 생각의 차이다. 독자를 생각하고, 경쟁자를 생각해서 표지디자인을 만들어낼 줄 알아야 수준 높은 디자이너 대우를 받는다.

결국은 '생각'의 차이다. 당신 책에 대한 절박함과 열정을 디자인하지는 못해도 디자인의 방향은 제시할 수 있다. 표지디자인은 당신의 분신을 세상에 소개하는 것과 같다. 어떤 스타일로 어떤 옷을 입혀서 자랑스럽게 세상 사람들에게 소개하고 싶은가?

머리말이 구매 여부를 결정한다

당신은 책을 살 때 책 속의 무엇을 보고 결정하는가? 처음으로 책을 쓰는 저자들이 실수를 범하기 쉬운 부분은 바로 '머리말'이다. 흔히 머리말은 원고 작업을 마치고 나서 책쓰기를 도와준 분들에 대한 감사의 마음을 적는 것으로 생각하는데, 그렇게 보았다면 오산이다. 왜냐하면 머리말은 독자들이 책을 구매하게 만드는 의사결정의 중요한 포인트이기 때문이다. 머리말에 반드시 들어가야 할 내용들은 다음과 같다.

- 이 책의 메시지는 ○○○이다.
- 이 책의 고객은 ○○○이다.
- 이 책에서 얻을 수 있는 이익은 ○○○이다.

고객들은 서점에 진열된 당신 책을 집어 들고 머리말을 보며 대략적으로 본인의 니즈와 원츠에 부합하는 책인지를 판단한다. 즉 머리말을 통해서 본인이 원하는 '키워드'가 책 속에 들어 있다는 믿음을 갖게 되었을 때 '그럼, 한번 사볼까?'라는 생각을 하게 되는 것이다.

머리말은 당신이 쓴 책의 내용을 압축해서 핵심을 적은 것이어야 한다. 또한 머리말에는 당신이 책을 통해서 전달하려는 메시지를 분명하게 표현해야 한다. 당신이 참고로 삼을 만한 책의 머리말을 소개한다.

“진작 이런 내용을 듣는 기회가 있었다면 얼마나 좋았을까요. 막상 리더가 되니 뭐부터 해야 할지 몰라서 마치 총 없이 전쟁터에 나가는 느낌이었거든요.”

기업이나 단체에서 리더십 코칭과 강의를 하다 보면 이런 말을 자주 듣게 됩니다. 특히 신임 팀장을 대상으로 하는 강의에서는 꼭 이런 말이 나옵니다.

(중략)

저는 26년 동안 직장 생활을 했습니다. 삼성 그룹과 두산 그룹 그리고 미국 회사의 한국 자회사인 스토리지텍 코리아까지 기업의 풍토와 색깔이 전혀 다른 세 곳의 직장을 경험했습니다. 그중 4년여 동안은 남아프리카공화국에서 주재원 생활을 하기도 했습니다. 그렇게 오랜 시간 일하며 수많은 리더를 겪었습니다. 제가 속한 팀의 리더가 바뀌거나 제가 다른 부서로 이동하는 등 다양한 이유로 연례행사처럼 1년에 한 번씩은 다른 리더를 맞이했습니다.

(중략)

이 책은 생애 처음으로 리더가 된 사람뿐 아니라 현재 리더인 사람, 앞으로 리더가 될 사람 그리고 지금보다 더 좋은 리더가 되고자 하는 사람들을 위해 만들어졌습니다. 저는 이 책에서 제시하는 '리더 시프트', 즉 '리더가 되기 위한 4가지 시프트'가 당신이 리더 포비아를 물리치고, 내부에 잠재되어 있던 리더의 자질을 일깨우는 치트키 역할을 할 것이라고 믿습니다.

– 김무환, 《리더 시프트》, 허클베리북스, 2020

이 책의 머리말에서 고객은 '리더가 된 사람뿐 아니라 현재 리더인 사람, 앞으로 리더가 될 사람 그리고 지금보다 더 좋은 리더가 되고자 하는 사람들'이고, 이 책을 읽는 고객이 얻을 수 있는 이익은 '리더가 되기 위한 네 가지 시프트'라고 알려 준다. 그리고 이 책의 메시지는 '리더 포비아를 물리치고, 내부에 잠재되어 있던 리더의 자질을 일깨우는 치트키 역할'이라고 말한다.

어떤가? 당신이 어떤 팀의 리더 역할을 하고 있다면 서점에서 우연히 이 책을 발견하고, 표지디자인과 제목을 보고 책을 집어 든 상황에서 머리말까지 읽는다면, 이 책을 한번 사 보고 싶지 않겠는가?

또 다른 책의 머리말을 보자.

나는 매년 장마철이나 집중호우 때면 하수구가 역류해서 물에 잠기는 20평도 안 되는 반지하에서 스물여덟까지 참 가난하게 살았다. 고등학교 때부터 국경일에는 어머니와 태극기 장사를 하고, 대학에 가서는 새벽에는 운동 과외, 저녁에는 요식업 아르바이트, 주말에는 이삿짐센터 아르바이트를 하고, 방학에는 벽돌을 지고 나르는 건축공사 현장 아르바이트를 하며 지냈다.

군대를 전역한 후에는 집안의 어려운 경제적인 상황을 극복하기 위해 대기업 공채를 포기하고 보험회사에 입사해 설계사, 매니저, 지점장을 거치며 매년 최고 업적자를 시상하는 어워드 시상식에서 그랑프리를 비롯해서 수차례 연도대상을 수상했다. 매년 적게는 1억 원에서 많게는 3억 원 이상의 연봉을 받으며 19년간 근무하면서 사내강사 1기로 1,000명이 넘는 설계사, 매니저, 지점장들에게 영혼 있는 세일즈, 매니지먼트, 모티베이션, 리더십 강의를 해왔다. 꿈꿨던 많은 일들을 꾸준함의 힘을 통해 손에 잡힌 현실로 만들 수 있었다.

(중략)

주변의 많은 지인들은 내가 특별해서 이런 것들을 꾸준히 해나가고 있다고 이야기를 하는데 사실 반대다. '꾸준함'이 평범했던 나를 특별하게 만들어주고 있는 것이다.

(중략)

이 책에서 이야기하는 꾸준함의 힘을 통해 가장 먼저 자기 자신을 신뢰하는 힘을 키울 수 있을 것이다. 그리고 반복되는 작은 성취감이 자존감을 점점 더 높여줄 것이다. 결국 꾸준함의 힘은 간절히 원하는 모습의 새로운 나로 태어나게 해줄 것이다.

이 책을 읽는 당신이 지금 지독히 힘든 시련과 어려움을 겪고 있다면, 당신의 인생이 이 책을 읽기 전과 읽은 후로 나눠지는 반전이 있기를 간절히 기대해 본다.

– 노승일, 《하루 1% 15분 꾸준함의 힘》, 라온북, 2019

이 책의 머리말은 성공 스토리와 동기부여를 주제로 책을 쓰려는 분들이 보면 좋을 내용이다. 《하루 1% 15분 꾸준함의 힘》은 남녀노소 상관없이 누구나 읽을 수 있는 책이다. 그러나 읽고 나면 '나도 하루에 1%인 짧은 15분의 시간을 투자해 봐야 겠다'는 생각을 자연스레 갖게 만든다. 이 책의 머리말에는 그런 메시지가 담겨 있다. 책을 읽는 사람이 얻게 될 이익을 명확하게 전달하고 있다.

다른 책의 머리말 한 가지만 더 살펴보도록 하겠다.

기업에서 근무한다는 것은 생계 수단 외에도 많은 가치를 지닐 수 있는 일이다. 필자도 30년 이상 기업에 몸담아 희로애락을 지나왔다. 그중 굴지의 외국계 회사에서 근무했던 경험은 더 특별했다. 임직원의 창의와 혁신을 불러일으키는 리더십, 동반 성장을 장려하고 주인 의식을 함양케 하는 기업문화 속에서 26년 이상 근무했다. 말단 사원으로 시작해 전무이사로 임하는 순간까지 직접 체득한 기업 경영 노하우는 지금에 이르러 다양한 국내 기업 강연을 통해 가치를 전달하는 밑바탕이 되었다.

강연을 하고 나면 강연을 들은 대부분의 사람들이 내용은 충분히 이해하고 공감된다고 한다. 그러나 강의를 들은 이들에게 회사에 실제로 적용해 보라고 하면, 아직 자신들의 회사가 시도하기에는 적합하지 않다고 한다. 오히려 필자가 근무한 회사는 여건이 잘 갖춰진 좋은 외국계 회사여서 그 같은 문화를 잘 실천할 수 있지 않느냐는 반문을 받곤 했다.

하지만 그것은 사실이 아니다. 직원들이 일에 대한 재미를 느끼고 혁신을 자극받으며 소통을 잘하게 하는 것이 기업의 매출 규모, 회사의 국적, 직원의 학력과 무슨 관련이 있겠는가? 바로 이 같은 반문이 필자가 2016년부터 국내 회사에 '질문 경영'을 접목시켜 성공적인 성과 사례들을 만들어낸 계기가 되었다.

이 책에서는 국내 회사에 적용한 다양한 경영 노하우 중 특히 '질문'을 함으로써 직원들의 혁신을 통한 성장을 이루어 낸 사례를 중심으로 다루었다. 언제든지 질문할 수 있는 문화를 만들어 가는 '질문 경영'이라는 이 책의 내용이 성장을 고민하는 모든 분들께 도움이 되길 바란다. 특히 대기업에 비해 상대적으로 어려운 환경 속에 불철주야 최선을 다하고 있는 중소·중견 기업의 리더들이 혁신을 원하고 있다면 분명히 이 책이 큰 도움이 될 것이다.

– 박병무, 《300% 질문 경영》, 라온북, 2023

이 책의 머리말은 '머리말의 교과서'라고 해도 손색이 없을 정도로 뛰어나다. 꼭 읽어보고 나서 당신의 책쓰기에도 적용해 보기 바란다.

머리말은 당신이 쓴 책의 '가치와 고객'을 보여준다. 그리고 머리말은 책의 내용 전체를 2~3페이지로 요약하는 작업이기 때문에 고도의 집중과 몰입이 필요하다. 머리말 잘 쓰는 한 가지 요령을 소개하자면, 머리말을 필사해 보는 방법이다. 모든 책에는 머리말이 있다. 하지만 좋은 책과 많이 팔리는 책의 머리말은 그렇지 않은 책의 머리말과 확실히 다르다. 베스트셀러 중에서 마음에 드는 책을 골라 머리말을 필사해 보라. 머리말에 대한 당신의 생각을 바꿔줄 것이며, 당신 책을 더 많은 사람들이 선택할 수 있게 해줄 것이다.

책쓰기의 기본기 익히기

샘플 북을 찾아라

당신은 좋아하는 작가가 있는가? 그 작가가 출간하는 책은 무조건 사서 읽어본 적이 있는가? 여기서 말하는 '샘플 북'은 그런 작가의 책을 말한다. 좀 더 정확하게 말하면, 당신이 모델로 삼고 싶은 종류의 책이다.

이 지구상에는 수많은 사람이 살아가지만, 같은 사람은 단 한 사람도 없다. 그래서 말하고자 하는 내용이 같더라도 누가 전달하는가에 따라서 상대방이 받아들이기도 하고 받아들이지 않기도 한다. 그리고 때로는 수많은 사람 중에 삶의 방향성이 명확해서 시행착오를 줄여줄 수 있는 사람이 나타

나면, 그 사람을 자기 인생의 모델로 삼고 싶은 생각을 갖기도 한다. 더욱이 그 모델이 멘토의 역할까지 해준다면 더할 나위가 없다.

책쓰기도 이와 다르지 않다. 당신이 좋아하는 책의 제목을 리스트로 정리해 보라. 일단은 복잡하게 생각하지 말고 성인이 되어서 읽었던 책을 무작위로 10권 정도 선별해 보라. '메시지', '문체', '편집 형식' 등을 선별 기준으로 삼을 수 있을 것이다. 선별한 결과를 보면 저자가 모두 다를 수도 있고, 두세 권은 같은 저자가 쓴 책일 수도 있다.

어찌 되었건 샘플 북을 정했으면, 그 책을 세부적으로 쪼개서 분석해 봐야 한다. 그리고 당신 나름대로 분석한 결과를 통해서 당신에게 필요한 것들을 배워야 한다.

샘플 북의 '메시지'를 배워라

당신은 샘플 북을 통해서 당신이 책으로 전달하려는 메시지를 결정할 수 있다. 그동안 당신은 고객의 입장에서 책을 읽었고, 그 책을 통해서 저자의 메시지를 받아들였다. 하지만 이제는 그 메시지를 고객의 입장이 아닌 공급자의 입장에서 분석해 보는 것이다.

예를 들어 《서른 번 직업을 바꿔야만 했던 남자》(정철상, 라이온북스, 2011)라는 제목의 책을 샘플 북으로 정했다면, 이 책에서 전달하려는 메시지를 한마디로 정의해 봐야 한다. 나는 이 책에서 '도전', '열정', '인내'라는 세 가지 메시지를 찾았다. 저자는 이러한 메시지를 가지고 4개의 큰 제목과 50개의 작은 제목으로 정리해서 자신의 책을 완성했다.

이 책의 고객은 저자와 같은 보통 사람들이다. 40대 중반인 저자 본인의 치열했던 삶을 같은 연령대 그리고 저자처럼 평범한 삶을 살아가는 후배들에게 전하려고 한 것이다. 이 책을 통해서 당신은 저자가 전하려는 메시지를 어떻게 풀어내고 있는지를 배워야 한다.

당신 책에는 어떤 메시지를 담고 싶은가? 혹시 '도전', '열정', '인내'라는 세 가지 메시지 중에서 한 가지라도 있다면, 이 책을 분석해서 적용해 보라.

샘플 북을 통해서 '문체'를 결정하라

문체는 저자의 색깔이 그대로 반영되기 때문에 한마디로 정의하면 '스타일'이라고 할 수 있다. 가수나 디자이너에게 본인만의 색깔이 있는 것처럼, 저자에게도 자신만의 문체가 있어서 책의 특성과 스타일을 결정한다. 특히 소설가들은 개성이 매우 강해서 이외수, 최인호, 김훈 같은 일류 작가들은 자신만의 고유한 문체와 스타일을 가지고 있다.

문체는 글을 쓰는 방식만을 의미하지 않는다. 문체에는 글을 쓴 저자의 삶과 가치관이 그대로 반영된다. 존칭의 유무로 본 문체의 특성에 대해서 알아보자.

첫 번째는 경어체로서, 존댓말로 쓰는 문체다. '~입니다', '~합니다', '~습니다' 등으로 저자 자신을 낮추면서 책을 읽는 독자들을 높이는 문체다. 요즘은 지위가 높은 사람이 부하 직원들에게 쓰는 편지나 메시지에서 많이 사용하는 문체다. 저자가 겸손한 자세로 자신의 생각을 전달하려고 할 때는 매우 효과적이다.

두 번째는 평어체로서, 남을 높이는 것도 나를 낮추는 것도 아닌 보통의 문체다. '~한다', '~이다' 같은 표현으로 자신의 생각과 주장을 나타낼 때 사용하는 문체다. 다만 평어체를 잘못 사용하게 되면 독자들의 기분을 상하게 할 수 있다는 단점이 있다. 또한 지나치게 자기주장을 하다 보면 강요하는 것처럼 받아들일 수 있으므로 조심해야 한다.

당신이 쓰게 될 책의 문체는 자기만의 것으로 결정해야 한다. 그렇기 때문에 어떤 문체를 사용하느냐는 오로지 저자의 판단에 의해서 정해진다. 다만 문체를 결정할 때는 당신이 전달하려는 메시지가 무엇인지를 고려해야 한다. 즉 자신의 메시지를 강하게 주장하고 싶을 때는 절도 있는 문체를 선택해야 하고, 설득과 동의를 구하는 메시지를 전달할 때는 경어체로 쓰는 것이 효과적이다.

또한 문장 하나가 너무 길어서도 곤란하다. 요즘 출간되는 책의 원고 특성을 보면 문장의 길이가 점점 짧아지고 있다.

샘플 북을 통해서 '편집 형식'을 배워라

우리나라에서 1,000만 관객을 동원한 한국 영화는 〈범죄도시2〉, 〈기생충〉, 〈극한직업〉 등을 들 수 있다. 만약 이 영화의 감독을 다른 감독이 맡았더라도 같은 결과가 나왔을까?

영화의 프로가 감독이라면, 책의 프로는 편집자다. 출판사에 있어서도 '편집권'을 가진 '편집장'의 책임과 권한이 막강하다. 편집이란 원고가 완성된 책을 어떤 형태로 만들겠다는 방향성을 의미한다. 더욱이 본문 편집에 있어서는 콘텐츠를 쪼개서 재조합하는 방식까지도 편집권에 포함된다.

당신은 샘플로 정한 책에서 편집을 배워야 한다. 당신이 선정한 10권의 책에서 각각의 편집 의도를 파악하는 것은 물론, 왜 그렇게 했는지를 스스로 자문해 보고 답할 수 있어야 한다. 당신은 이런 생각을 할지도 모른다.

'내가 편집자도 아닌데, 왜 편집을 알아야 하는 거지?'

그런 생각이 들더라도 당신은 알아야 한다. 왜냐하면 당신이 쓴 책에 대해서 당신만큼 잘 아는 사람이 없기 때문이다. 당신이 유명 저자가 되어서 출판사의 제안을 먼저 받기 전까지는 당신 스스로 편집까지 염두에 두고서 당신 책을 써야 한다.

출판사를 경영하고 있는 사람으로서 단언하건대, '편집'을 아는 저자의 글은 그렇지 않은 저자의 글보다 뛰어날 수밖에 없다. 당신이 쓴 책의 출판 기획서에 편집에 관한 아이디어가 포함되어 있다면, 유명 출판사 편집자들도 당신에게 높은 점수를 줄 것이다. 만약 자비 출판을 준비하고 있다면, 당연히 편집에 대한 의견이 포함되어야 한다.

샘플 북은 당신이 쓰게 될 책의 멘토를 찾는 것과 같다. '모방은 창조의 어머니'라는 말처럼 처음부터 완벽한 베스트셀러 작가는 없다. 당신이 유명 저자의 책을 모방하고 따라 하면서 당신만의 색깔을 만들어가다 보면, 어느 순간 당신도 유명 저자의 반열에 올라가 있을 것이다.

책의 첫 번째 장은 A4 용지 두 장에 써라

막상 책을 쓰기로 결심은 했지만, 책상에 앉아 컴퓨터 모니터와 키보드를 마주했을 때 무엇부터 시작해야 할지 막막한 생각이 들 것이다. 내가 처음으로 책을 쓸 때 가졌던 느낌을 소개한다.

'무슨 글을 써야 할지 망설이기를 몇 번째인지 모르겠다. 키보드 자판을 두드리며 글을 쓰지만 한 줄도 마음에 들지 않는다. 하지만 용기를 내어 다시 처음부터 써 내려가지만 역시 쉽지 않다…….'

당신은 어떤가? 혹시 당신도 내가 경험했던 느낌을 그대로 겪고 있지는 않은가? 내가 수영을 배울 때의 기억이 떠오른다. 그 당시 수영 강사가 물에 뜨는 법과 호흡법, 발차기와 손 동작을 코치해 주었지만, 결국 물속에서는 나 혼자 해내야만 했다. 처음에는 어색하고 힘들었지만, 꾸준히 반복해서 손발을 움직이다 보니까 어느 순간 물속에서 자유로워진 나를 발견하게 되었다.

책쓰기도 마찬가지다. 책쓰기를 위해 마주한 모니터는 평소와는 전혀 다른 느낌으로 다가올 것이다. 테두리 속 하얀 바탕 위에 글을 채워서 한 장 한 장 완성해나가는 일은 처음 수영을 배우는 사람처럼 어색하고 두렵다. 하지만 정면으로 맞서서 그 시간을 버티면 하얀색 바탕이 검은색 글자로 꽉 채워지는 순간을 경험하게 될 것이다. 또한 자신도 몰랐던 머릿속의 생각들이 쏟아져 나오는 놀라운 경험을 하게 될 것이다. 첫 장을 쓰는 것은 '용기'이며 '도전'이라는 것을 기억하라. 내가 읽었던 책 중 기억에 남는 추천사를 소개한다.

왜 사람들은 책을 쓰는 것일까? '누구나 마음속에 책 한 권씩은 다 가지고 있다'는 말도 있지만 설사 그 말이 사실이라도 '모든 사람들이 그 책을 끄집어내는 방법을 안다'는 뜻은 아니다.

책을 쓴다는 것은 당신이 가지고 있는 모든 경험과 지식과 비밀을 세상 사람들에게 꺼내어 보여주는 것과 같다. 자신의 브랜드와 경쟁력을 책이라는 이름으로 멋지게 포장해서 내놓는 일은, 세상의 그 어떤 방법보다 효과적인 자기 PR 전략이기도 하다. 또한 마음속에 숨어 있는 '작가성'을 꺼내는 창조적인 과정을 거치다보면 누구라도 자신의 정체성에 강한 자부심을 가지면서 내면이 말끔히 정리되는 통쾌한 느낌도 가질 수 있다.

– 앨리슨 베이버스톤, 《당신도 베스트셀러 작가가 될 수 있다》, 김원옥 역, 쌤앤파커스, 2007

'마음속에 책 한 권을 가지고 있어도 누구나 그 책을 끄집어내는 방법을 알지 못한다'라는 말에 공감이 간다. 당신 책의 첫 번째 장을 쓰는 일이 어려운 것은 너무나 당연하다. 먼저 그 당연함을 받아들여야 한다. 첫 번째 장은 연습이라고 생각하라. 고객에게 보여주기 위한 글이 아니라 새로운 도전을 시작한 당신에게 보내는 메시지라 생각하고 첫 번째 장에 담아보라.

일단 첫 번째 장의 내용이 될 A4 용지 두 장을 채운다는 목표로 써야 한다. 그리고 전체 원고의 절반 이상을 쓰기 전까지는 첫 번째 장을 다시 봐서는 안 된다. 흔히 초고로 불리는 1차 원고를 쓰고 나면 다시금 원고 전체를 보게 되는데, 그 시점에 고치거나 다시 써도 늦지 않다. 서두르지 마라. 두려워하지도 마라. 책의 첫 번째 장을 쓰는 것만으로도 충분히 의미 있다. 첫 번째 장을 기쁘게 쓰고, 웃음으로 마무리하라. 첫 번째 장을 다 쓴 후에는 큰일을 해낸 당신을 계속 격려하라. '격려는 용기의 어머니다'라는 말도 있지 않은가.

책쓰기에는 계속적인 격려가 필요하다. 모든 사람들이 책을 쓰고 싶어 한다. 하지만 정작 책을 쓰는 사람은 극소수에 불과하다. 사람들은 누구나 자기 이름으로 된 책을 갖고 싶어 하지만, 이런저런 이유들 때문에 대부분은 책쓰기를 포기한다. 따라서 책쓰기에 도전하는 당신은 위대한 일을 시작한 용기 있는 사람이다. 책이 출간되는 그 순간까지 당신 자신을 끊임없이 격려하라.

첫 번째 장의 내용이 될 A4 용지 두 장에 무슨 내용을 담을 것인가? 이때는 편지를 쓰듯이 써 내려가라. 한 사람을 생각하고 그 사람에게 알려주고 싶은 당신의 지식과 경험에 관한 내용을 첫 페이지 담아보라. 그러면 생각보다 쉽게 써 내려가고 있는 자신의 모습을 발견하게 될 것이다. 막연히 모니터만 바라보는 것이 아니라 모니터 너머의 그 한 사람을 떠

올리면 당신이 미처 생각하지 못했던 내용들까지 쏟아져 나오게 될 것이다.

책쓰기에는 놀라운 신비가 있다. 첫 번째 장을 어렵게 끝내고 나면 마치 동네 뒷동산에 올라온 기분이 든다. 딱 그런 느낌이다. 첫 번째 장을 마무리하고 나서 컴퓨터를 끌 때는 홀가분한 기분과 함께 내일 또 올라야 한다는 부담감도 들지만, 오늘 이룬 작은 성취감에 젖어 자신을 격려하게 된다. 그리고 내일 다시 마주하는 시간이 약간의 설렘과 함께 기다려지기도 한다.

책쓰기에서 첫 번째 장의 중요성에 대해 말하지 않을 수 없다. 여기에 한 책의 내용 중 일부를 소개한다.

> "기사님요, 육일약국 좀 가주이소."
>
> "야? 육일약국요? 거기가 어딘데예?"
>
> 1980년대 중반, 택시만 타면 내 입에서는 자동으로 '육일약국 가자'는 말이 흘러나왔다. 경상남도 마산의 변두리, 그것도 대한민국에서 가장 작은 4.5평 규모의 이름 없는 약국. 택시 기사님들이 '거기가 어디냐'고 물을 수밖에 없는 이유는 충분했다. 택시를 탈 때마다 겪는 일이었다. 그래도 나는 '육일약국 가자'는 말을 멈추지 않았다.
>
> – 김성오, 《육일약국 갑시다》, 21세기북스, 2021

이 책의 저자 김성오 메가스터디 대표는 자신이 쓴 책의 첫 번째 장의 처음으로 나오는 작은 제목을 '육일약국 갑시다'로 정했다. 언젠가 출판 관계자 모임에서 들은 말이다. 이 책의 담당자는 자신이 한 것은 아무것도 없다는 말을 했다고 한다. 원고도 거의 손을 대지 않았고, 저자가 홍보와 마케팅을 위해서 워낙 열심히 해주었기 때문에 오랫동안 베스트셀러 자리에 올라 있었다.

김성오 대표는 자신의 스토리를 책으로 쓸 때 첫 번째 장의 두 페이지를 삶의 뿌리가 되었던 첫 사업 '육일약국' 이야기로 시작한 것이다. 제목과 똑같이 쓴 첫 번째 장은 독자들의 관심을 불러일으켰고, 결국에는 저자 김성오의 스토리를 끝까지 읽기 위해서 책을 구매하는 효과로 이어졌다. 저자 김성오 대표는 출간 다음 해에도 강의로 무척 바쁜 한 해를 보냈다고 한다.

그렇다. 당신이 쓰게 될 책의 첫 번째 장은 당신이 살아온 삶의 진정성과 진실을 표현하는 동시에 고객들에게 손을 내미는 역할을 한다. 고객들은 책의 첫 번째 장만 봐도 저자가 말하려는 메시지가 무엇인지를 느낀다. 그래서 당신 책의 첫 번째 장은 잘 쓰는 것보다 진정성을 담아서 써야 한다.

책쓰기의 기본기를 익혀라

누구든지 처음 책을 쓰려고 할 때는 막막해서 갈피를 잡지 못한다. 어쩌면 이 책을 집어 든 당신도 그런 사람들 가운데 한 사람일지도 모른다. 아니면 이미 출간한 책이 있지만, 다음 책을 더 잘 쓰고 싶어서 고민하던 중에 이 책을 펼쳐 든 사람일지도 모른다.

'도대체 책을 어떻게 써야 잘 쓰는 것일까?'

'책쓰기를 배운다면 무엇을 배워야 하는 것일까?'

이런 질문에 다양한 대답이 나온다. '글 잘 쓰는 법'이라고 말하는 사람, '문법과 맞춤법을 배우는 것'이라고 말하는 사람, '자신의 삶을 표현하는 것'이라고 말하는 사람도 있다. 하지만 내 생각은 조금 다르다. 내가 생각하는 책쓰기는 '메시지'와 '소통'의 작업이다.

책쓰기는 글 잘 쓰는 법을 배우는 것이 전부가 아니다. 국어를 잘 알고 잘 쓰는 법이 책쓰기의 전부라면 우리나라의 국어 선생님들과 국문학과 출신들만 책을 쓰고 베스트셀러 작가 반열에 올라야 한다. 하지만 당신도 알다시피 전혀 그렇지 않다. 이유가 뭘까? 그것은 바로 독자들과 소통하며 감동을 주는 책은 문법이나 형식, 글재주만으로 완성되지 않기 때문이다. 책쓰기는 종이 위에 글만 써넣는 작업이 아니다. 고객의 입장에서 독자를 향한, 독자를 위한 메시지를 담아야 한다. 그런 의미에서 책은 저자가 독자에게 보내는 메시지를 모은 소통의 도구가 되어야 한다.

가끔 "저도 책을 쓸 수 있을까요?"라는 질문을 받는다. 그럴 때마다 나는 이렇게 말해준다. "네, 누구나 책을 쓸 수 있습니다. 그리고 책 쓰는 방법과 기본기를 배우면 더 쉽게 쓸 수 있습니다."

운동, 음악, 미술, 심지어는 개인의 삶까지 우리 사회 모든 분야에는 '훌륭한 선수' 뒤에 '더 훌륭한 코치'가 있다. 책쓰기도 마찬가지다. 운동선수나 음악가처럼 책 쓰는 사람도 책을 잘 쓰기 위해서는 책쓰기의 기본기와 책 쓰는 기술을 배울 필요가 있다. 그렇다면 책쓰기의 기본기는 무엇일까? 이제부터 책쓰기에 필요한 네 가지 기본기에 대해 알아보자.

첫째, 메시지 찾는 법을 아는 것

한 권의 책을 쓰려면 책에 담을 내용을 찾아내야 한다. 흔히 '주제'라고 말하는 '메시지'를 정하더라도 정작 그 메시지에 관해서 말할 내용을 찾아내는 능력이 부족하면 책을 쓰기가 쉽지 않다. 상업적인 책이든, 시나 소설 같은 문학책이든 이 부분은 모두 동일하다. 어떤 종류의 책이라도 그 속에는 저자가 전달하려는 '메시지'가 들어 있어야 한다.

당신 책에 들어 있는 '메시지'는 당신의 고객들에게 또는 세상 사람들에게 하고 싶은 말이다. 그래서 당신의 삶을 한 단어나 한 문장으로 만들어보는 연습이 필요하다. 당신이 하고 싶은 말, 당신 속에 숨겨진 메시지를 찾아내고, 그 메시지를 모아라.

베스트셀러 작가의 책이 독자들에게 큰 반응을 얻는 것은 우아한 문장과 기교 넘치는 필력 때문이 아니다. 그들은 그들만의 메시지가 있고, 그 메시지를 바탕으로 책을 통해서 독자들과 소통한다.

둘째, 고객의 원츠를 아는 것

'고객을 안다'는 것은 '고객의 원츠'를 파악하는 것이다. 나아가서 고객의 관심을 어떻게 끌어모으는지를 아는 것이며, 고객이 책을 집어 들게 만드는 방법부터 책을 구매하는 단계까지 정확하게 아는 것이다.

고객은 어린아이와 같아서 당신이 고객에게 관심을 갖는 만큼 고객은 당신 책에 관심을 갖게 된다. 당신은 책쓰기를 시작하는 순간부터 '고객'에 대해서만 생각하고 몰입해야 한다. 아래 내용은 이제부터 당신이 알아야 하는 것들이다.

- 당신은 고객이 무엇에 웃고, 우는지를 알아야 한다.
- 당신은 고객이 무엇을 우선순위에 두고 살아가는지를

알아야 한다.

- 당신은 고객의 관심을 얻고, 그 관심을 유지하는 방법을 알아야 한다.
- 당신이 전하고 싶은 메시지를 어떻게 말해야 하는지를 알아야 한다.

셋째, 쓰고자 하는 책의 장르와 형식을 아는 것

당신이 쓰고자 하는 책은 어떤 장르인가? 자기 계발서인가, 자서전인가? 시인가 에세이인가? 아니면 학습법에 관한 책을 쓰려고 하는가? 책을 쓰려면 자신이 전달하려는 메시지에 맞는 장르와 형식을 알아야 한다. 시나 소설 같은 문학 장르와 자기 계발이나 학습서 같은 실용서 장르는 글쓰기의 형식이 완전히 다르기 때문이다.

자신이 쓰려고 하는 책의 장르를 잘 모르겠다면, 그것을 아는 쉬운 방법이 있다. 지금 즉시 온라인 서점 홈페이지를 방문하라. 홈페이지 상단 메뉴나 좌측 메뉴를 보면 도서의 장르와 형식이 잘 나뉘어 있다. 그래도 잘 모르겠으면 오프라인 대형 서점을 방문해 보라. 매장에서 당신의 메시지와 유사한 내용이 담긴 책을 펼쳐보면, 당신이 쓰려는 책의 장르와 형식을 정할 수 있을 것이다.

넷째, A4 용지 두 장을 쓸 수 있는 능력

책쓰기의 기본기 중에서 현실적으로 필요한 것 중의 하나는 'A4 용지 두 장에 글을 써넣을 수 있는 능력'이다. 우리에게 가장 익숙한 판형인 신국판 250페이지를 기준으로 A4 용지 100매 정도면 책 한 권의 원고 분량으로 충분하다. 이 경우 작은 제목을 50개로 정한다면, 한 제목에 A4 2매 분량이다.

책쓰기를 어렵게 느끼는 것은 이러한 사전 지식을 전혀 모르기 때문이다. 250페이지 책 한 권의 원고를 처음부터 끝까지 한꺼번에 써 내려가는 것은 현실적으로 어렵다. 그렇기 때문에 고객에게 말하고 싶은 메시지를 5~6개의 큰 제목과 50개 내외의 작은 제목으로 쪼개서 하루에 A4 용지 두 장만 꾸준히 쓰면 되는 것이다.

그리고 글을 쓸 때는 당신의 생각을 고객들 마음속에 집어넣을 수 있는 최소한의 어휘력을 발휘하면 된다. 중요한 것은 수준 높은 어휘력이 아니라 독자들의 마음을 움직일 수 있는 어휘력이 필요하다는 것이다. 만약 어휘력을 높이고 싶다면 '필사'를 적극 활용해 보라. 당신이 선정한 샘플 북 중에서 몇 권을 선택한 다음, 시간을 정해서 컴퓨터로 필사하는 연습을 해보라. 일종의 '베껴 쓰기' 방법을 활용하는 것인데, 꾸준하게 3권 정도의 책을 필사해 보면 A4 용지 두 장을 쓰는 데 큰 어려움을 느끼지 않을 것이다.

메시지(주제)는 어떻게 정할까

어느 날 갑자기 누군가가 "당신은 어떤 책을 쓰고 싶으세요?"라고 묻는다면, 당신은 어떻게 대답할 것인가? 책쓰기에서는 책 속에 담을 '메시지'를 찾아내고 결정할 수 있는 훈련과 기술이 필요하다. 그렇다고 해서 고도의 전문 기술을 배워야 하는 것은 아니므로 걱정할 필요는 없다.

책에 담을 메시지를 정하는 것에는 두 가지의 경우가 있다. 하나는 당신이 써야 하는 책의 메시지를 외부에서 요청받는 경우이고, 다른 하나는 자신이 정한 메시지를 세상에 알리고 싶은 경우다.

예를 들어 전자는 SNS 전문가로 활동하고 있는 사람에게 출판사에서 소셜 커머스나 소셜 마케팅 관련 책을 써보자고 제안하는 경우다. 후자는 딸을 둔 사람이 '딸 바보' 아빠들과 함께 나누고 싶은 '딸과 아빠'에 관한 메시지를 한 권의 책으로 출간하고 싶다는 열망이다. 어떤 경우든 중요한 것은 '어떤 메시지를 담을 것인가?'의 문제다.

메시지는 '쓸거리'와 연관되어 있다. 당신 마음속에 있는 메시지를 쓸거리와 연결해서 찾아내고 모으는 방법을 알아야 한다. 또한 '자신만의 메시지'를 찾아야 한다. 이 세상에는 단 한 사람도 같은 DNA를 가진 사람이 없고, 같은 직업에 종사한다고 해서 같은 생각을 가지고 있는 것도 아니다.

책쓰기에서 메시지를 찾고 정하는 것도 이와 같다. 샘플북을 통해서 책쓰기를 배워도 결국에는 '당신 자신의 메시지'를 찾아야 좋은 책을 쓸 수 있다. 당신의 심장을 뛰게 만드는 메시지, 당신의 머리를 맑게 하는 메시지, 당신이 사랑하는 딸에게 주고 싶은 메시지, 당신이 근무하는 직장 후배에게 알려주고 싶은 메시지가 바로 당신의 진정한 메시지다.

그렇다면, '나만의 메시지'는 어떻게 찾아내야 할까? 당신만의 메시지를 찾아내기 위한 두 가지 방법을 소개한다.

첫째, 자신에게 질문하라

당신이 찾아야 할 메시지는 당신 안에 있다. 메시지와 연관된 질문을 자신에게 던지고, 내면에서 들려오는 대답을 기록하고 정리하라. 그렇게 함으로써 메시지와 연관된 아이디어를 찾아낼 수 있다.

당신 속에 있는 내면의 소리를 듣고 싶다면, 펜과 종이를 준비한 후 다음 질문에 답해보라. 물론 각각의 질문에 정답은 없다. 당신 속에 있는 메시지는 당신이 알고 있는 것보다 몇 배나 많다는 것을 믿고, 내면의 소리를 듣기 위해 애써보라.

- 최근에 가장 행복했던 일은?
- 지난 10년 동안 이루었던 가장 큰 성취는?

- 나를 가장 흥분하게 만드는 일은?
- 1억 원의 현금으로 사고 싶은 것은?
- 1억 원의 현금으로 하고 싶은 일은?
- 나를 슬프게 하는 일은?
- 끊임없이 나를 고민하게 만드는 일은?
- 20세가 되는 자녀에게 하고 싶은 말?
- 30세가 되는 자녀에게 하고 싶은 말?
- 40세가 되는 자녀에게 하고 싶은 말?
- 50세가 되는 자녀에게 하고 싶은 말?
- 나를 변화시킨 책 세 권을 선택한다면?
- 나를 변화시킨 세 권의 책에서 느꼈던 메시지는?

그리고 당신이 답으로 적은 글 위에 한 권의 책으로 쓰고 싶은 단어가 있다면 동그라미를 쳐보라. 동그라미 친 것들은 당신이 쓰고자 하는 책의 '메시지의 씨앗'이다.

처음에는 내면의 소리를 듣기 위한 시도가 익숙하지 않아서 무척 어려울 수 있다. 게다가 삶을 살다 보면 언제나 급한 일들에 둘러싸여 있어서 자신 속에 있는 메시지를 찾아내기가 여간 쉽지 않다. 그럴 때는 아침 일찍 산책을 하며 아무도 없는 벤치에 앉아서 자신에게 질문하고 답해보라. 그렇게 해서 떠오른 생각들을 종이에 기록하다 보면, 어느 순간 내면의 소리를 듣게 될 것이다.

둘째, 메시지 노트를 활용하라

메시지 노트는 책쓰기의 주제가 되는 메시지와 글감(글의 소재)을 모으는 노트다. 말 그대로 노트일 수도 있고, 컴퓨터에 폴더를 만드는 것일 수도 있다. 메시지 노트를 사용하다 보면 처음에는 한 개로 시작하지만 몇 개월 후에는 서너 개의 종류별 메시지 노트를 만들게 된다. 나는 컴퓨터를 활용하는데, 메시지 폴더를 따로 만들어서 사용하다가 요즘은 온라인 카페를 활용한다.

메시지 노트를 기록하는 방식은 '본, 깨, 적'과 매일 기록하는 방법의 두 가지가 있다. '본, 깨, 적'은 '본 것', '깨달은 것', '적용할 것'을 말한다. 여기서 '본 것'은 책쓰기와 연관해서 하루 동안에 본 것을 적는 것으로서, 객관적인 사실과 경험한 일들을 기록하는 것이다. 그리고 '깨달은 것'은 '본 것'을 통해서 자신이 깨달은 바를 기록하는 것이다. 끝으로 '적용할 것'은 보고 깨달은 것들을 책쓰기에 어떻게 적용할 것인지를 적는 것인데, 책쓰기에서 가장 중요한 일이라 하겠다.

책쓰기에서 무엇보다 중요한 것은 '자신을 관찰하는 일'이다. 대부분의 사람들은 하루 동안 무엇을 봤는지도 모르고 살아간다. 책을 쓰려는 당신은 자신의 삶을 끊임없이 관찰하면서 그 속에 숨어 있는 메시지를 찾아야 한다. 이를 위한 가장 좋은 방법이 자신의 하루를 매일 기록하는 것이다.

책쓰기에 관한 '메시지'와 '아이디어' 혹은 '글감'은 어느 날 갑자기 우연하게 찾아오는 것이 아니다. 자신의 내면을 들여다보고, 주변에서 일어나는 일들을 기록하며, 하루를 돌아보고 자신에 대해 끊임없이 생각하기를 반복할 때 우연을 가장한 필연으로 다가온다.

책을 쓰는 작가들에게 메시지 노트는 보물 상자나 다름없다. 보물 상자를 가진 사람은 수시로 상자를 열어서 그 속에 있는 보물을 확인한다. 책을 쓰기로 결심한 이상 당신도 보물 상자를 가져야 하지 않겠는가? 당신이 메시지 노트를 활용하기로 결정했다면, '하루의 기록'을 당연한 원칙으로 받아들여야 한다. 당신이 메시지 노트를 6개월만 지속한다면, 놀라운 효과를 경험하게 될 것이다.

Branding 6단계 : 집필2

베스트셀러를 만드는 책쓰기

자료 수집과 정리는 어떻게 할 것인가

자료 수집과 정리는 일단 대략적으로라도 메시지가 결정되어야 효과적으로 활용할 수 있다. 목표가 정해져야 달성할 수단과 방법을 강구하는 것처럼, 당신이 쓸 책의 메시지를 정해야만 비로소 자료 수집과 정리에 속도가 붙는다.

다음에 나오는 세 가지 통로에서 메시지에 힘을 실어주는 자료를 찾을 수 있다.

- 신문과 잡지
- 메시지와 관련된 책

• 인터넷으로 검색한 자료

그러나 가장 먼저 갖추어야 하는 것이 바로 유용한 정보와 자료를 골라낼 수 있는 '정확한 눈'이다. 지금은 각종 정보와 자료가 넘쳐나는 시대다. 정보와 자료가 부족해서 도서관을 뒤지거나 중고 서점을 찾아다니던 시절이 아니다. 물론 쓰려는 책의 메시지에 따라서 도서관을 뒤져야 하는 경우도 있겠지만, 과거에 비해서는 조금만 노력을 기울이면 쉽게 구할 수 있다.

하지만 정보나 자료를 취사선택할 수 있는 눈이 없다면 아무 소용이 없다. 더구나 하루에도 수만 가지의 새로운 정보가 쏟아져 나오기 때문에 쓸 만한 정보를 구별해서 모을 수 있는 능력을 습득하지 않으면, 금세 뒤처지고 만다.

유용한 정보를 선별해낼 수 있는 눈은 찾고자 하는 자료의 '필요성'을 분명하게 알 때 저절로 생긴다. 당신이 쓰려는 책의 메시지와 관련해서 촉각을 곤두세우고, 필요성이 무엇인지 구체적으로 확인해 보라. 그렇게 하면 어제까지 습관적으로 보던 신문 속의 카피 글과 기사들이 다르게 보일 것이다.

인터넷에서 자료를 찾을 때도 마찬가지다. 당신이 습관적으로 접속하던 인터넷 포털 사이트에는 하루에도 수백만 건의 정보가 올라온다. 거의 실시간으로 새로운 정보를 보여준다고 해도 과언이 아니다. 그 속에서 당신이 필요로 하는 정보와 자료를 찾아서 모아야 한다.

책쓰기를 할 때 다양한 사례를 인용, 발췌해 구성하는 작업이 초보 작가들에게는 조금 어려울 수 있다. 하지만 크게 걱정할 필요가 없다. 책을 3권만 써 보면 그렇게 어려운 일이 아니라는 것을 금방 알게 된다. 그런데 중요한 것은 '지속성'이다. 정보와 자료를 지속적으로 모으고, 본인이 원하는 메시지에 맞도록 정리하는 것이 책을 쓰는 저자들의 궁극적인 목표가 되어야 한다.

책쓰기의 전체 과정으로 보면 책을 기획하고, 정보와 자료를 모으며, 사례와 에피소드를 정리하는 작업은 빙산의 아랫부분이라고 할 수 있다. 즉 이 과정을 거치지 않고는 그 어떤 책도 좋은 책으로 만들어질 수 없다. 또한 당신이 고객들에게 말하려고 하는 메시지도 전달되지 않는다.

신문, 잡지 등에서 좋은 자료를 찾아라

신문이나 잡지는 영상의 시대인 지금도 여전히 책쓰기의 자료로서 유효하다. 신문은 시의성 있는 정보를 제공한다. 최소한 2종의 일간지와 2종의 경제지는 구독하면서 관심 메시지별로 정보와 자료를 수집해야 한다. 눈에 띄는 기사가 나오면 곧바로 링크를 따로 저장해 두거나 개인 블로그나 SNS에 공유하면 좋다. 주제별로 정리해 두면 이후에 찾아보기 편하다.

기업에서 발행하는 사보에서도 유용한 정보를 얻을 수 있다. 사보는 새로운 아이디어와 사례를 보여주는 정보의 보고라고 할 수 있다. 지인들을 통해서라도 가능한 많은 회사의 사보를 구해서 자료를 수집하라.

깊이 있는 고급 정보나 자료를 얻고 싶다면, 각종 논문과 서점에 나와 있는 책보다 좋은 것이 없다. 그러나 한 가지 명심해야 할 것은 논문이나 책에서 얻은 정보는 자기 것으로 소화해 냈을 때 비로소 활용할 수 있다는 점이다. 그래서 책을 잘 쓰는 저자들은 다독을 즐긴다. 그들에게는 책을 읽는 것이 밥을 먹고 물을 마시는 것처럼 자연스럽다. 그래서 책쓰기를 권하는 사람들은 책 읽기가 필수라는 점을 강조한다.

일단 책 읽기를 시작하는 순간부터 당신이 정한 메시지와 관련된 책을 수십 권 이상 찾아야 한다. 그리고 과거에 읽었던 책이라도 다시 한 번 읽어가며 수시로 메모하고 표시해 두어야 한다. 그렇게 해서 확인한 자료와 정보를 미리 만들어 둔 메시지 카드에 차곡차곡 정리해 두면, 책쓰기에 필요한 자료와 정보 수집은 완벽하다고 하겠다.

좋은 정보와 자료를 모으는 것보다 더 중요한 것은 정리하고 적용하는 것이다. 당신이 책쓰기에 돌입했을 때 그동안 힘들여 수집한 자료는 큰 힘이 된다. 하지만 정리되지 않은 자료는 오히려 큰 짐으로 전락할 수 있다. 따라서 어느 정도 자료 수집이 끝나면 책쓰기를 시작하기 전에 사용할 자료를 분류하는 동시에 쓸모없는 자료는 과감하게 버려야 한다.

자료를 활용할 때 주의해야 할 점

책쓰기를 위한 자료 수집과 정리에서 가장 중요한 것은 남의 것을 그대로 사용하지 않고, 창의성을 발휘해 자신의 것으로 만들어야 한다는 점이다. 아무리 많은 정보와 자료를 모았다고 해도 자기 것으로 만들지 못한다면, 당신 책은 남의 옷을 입고 세상에 나오는 것과 같다. 수집한 자료와 정보를 자기 것으로 만드는 데는 어느 정도의 숙성 기간이 필요하다. 앞에서 말한 것처럼 당신의 보물 상자 안에 들어 있는 보물을 수시로 봐주고 만져주어야 한다. 당신의 손을 거쳐 만들어진 자료만이 당신 것이 된다.

꼭 기억할 것은 인용 자료를 사용할 때는 출처를 분명하게 밝혀야 한다는 점이다. 특히 인터넷에서 검색한 자료를 인용할 때는 각별한 주의가 필요하다. 확인하지 않고 무작정 가져다 썼다가는 손해배상을 해야 하거나 형사 고소를 당할 수 있다는 점을 명심해야 한다. 책이나 논문 등에서 인용할 때도 마찬가지다. 그 외에도 다른 사람의 사례나 에피소드를 인용할 때는 필히 출처를 밝혀주어야 한다.

초고는 3개월 안에 끝내라

책을 쓰기로 결심하고 나서 자료를 수집하면 원고 쓰기를 시작하게 되는데, 대부분은 이때부터 원고 마감에 대한 생각을 하게 된다. 출판사의 기획안을 바탕으로 제안서를 받고 출판 계약을 맺은 경우나 여러 권의 책을 이미 출간해 본 경험이 있는 저자가 아니고서는 원고 마감까지 어느 정도의 시간이 필요한지 잘 모른다.

저자들에게서 들은 이야기와 내 경험을 기준으로 원고 마감에 필요한 시간을 예측해 볼 수 있었다. 메시지를 정하는 것에서 시작해 출판 기획서 작성과 자료 수집을 거쳐 초고를 쓰기 시작한 후 마감하는 데 필요한 시간은 대략 3개월 정도였다. 즉 한 달에 20일씩 3개월 동안 하루에 A4 용지 두 장만 쓰면 된다. 한 주에 5일, 하루에 두세 시간을 투자하면 책 한 권을 만들 수 있는 초고가 완성되는 것이다.

어떤가? 한번 해볼 만하다고 생각되는가, 아니면 그래도 책쓰기는 어렵다고 생각되는가? 당신의 생각은 어느 쪽인가?

책쓰기는 인생의 반전을 준비하는 사람에게 강력한 무기가 된다. 당신에게도 이 무기가 주어지기를 기원한다.

책쓰기를 시작해서 3개월 안에 초고를 끝내려면, 이제부터 설명하는 세 가지를 염두에 둘 필요가 있다.

첫째, 책 쓰는 시간 정하기

원고를 쓰기로 결심한 후에 가장 먼저 해야 할 일은 '원고 작업에 필요한 시간'을 정하는 것이다. 당신은 어떤 직업을 가지고 있는가? 만약 당신이 학생이거나 작가가 되려고 하는 사람이라서 생업의 부담이 없다면, 어느 정도 시간적인 여유가 있을 것이다, 하지만 당신이 직장인이거나 생업에 종사하고 있다면 '시간의 우선순위'를 정하는 것은 매우 중요하다.

당신이 직장인이라면 이미 하루 24시간을 꽉 채워서 생활하고 있을 것이다. 그럴 경우에는 책을 써야 하는 3개월 동안 당신에게 주어진 시간 중에서 어느 시간을 포기할 것인지를 결정해야 한다. 결코 쉽지는 않겠지만 모임이나 경조사, 술자리에 참석하는 시간 등을 포기해야만 원고 작업에 필요한 시간을 확보할 수 있다. 혹시라도 틈틈이 쓰겠다거나 시간이 날 때 쓰면 된다는 생각을 가지고 있다면, 지금 당장 생각을 바꿔야 한다. 그렇게 해서는 절대로 책을 쓸 수 없다.

책을 쓰는 데 필요한 3개월은 리듬을 타야 하는 시간이다.

인간은 기계나 컴퓨터가 아니다. 아무리 많은 자료가 준비되어 있어도 그날의 컨디션에 따라 원고 작업이 잘될 때와 그렇지 않을 때가 생긴다. 그래서 경제 전문가로 활동하는 이영권 박사는 자신이 진행하는 강의에서 이렇게 말했다. "저는 매일 새벽 4시에 일어나서 간단한 묵상과 일간지 리뷰를 하고 나서 원고 작업을 합니다."

나도 새벽 시간을 추천한다. 새벽에 2시간 정도를 활용하면, 현재 생활에 큰 지장을 주지 않으면서 책 한 권 분량의 초고를 마감할 수 있다.

둘째, 책 쓰는 장소와 환경 갖추기

책쓰기를 위한 원고 작업은 '몰입'이 중요하다. 그래서 몰입할 수 있는 장소와 환경을 갖추는 것은 매우 중요하다. 신기하게도 원고 작업이 잘되는 장소가 있다. 그 장소가 집이라면 거실일 수도 있고, 안방일 수도 있다. 사람에 따라서는 집보다 회사가 원고 작업에 적합한 장소가 될 수도 있다. 어디가 됐든 원고 작업이 잘 되는 장소를 정한 후 3개월 동안은 그 자리에서 원고 작업을 마치겠다는 다짐을 해야 한다. 어떤 작가는 특정 브랜드 커피 전문점에서 원고 작업을 해야 잘 된다면서 그곳으로 출근하다시피 나간다고 한다.

원고 작업을 하는 장소는 자료와 정보를 쉽게 찾고 확인할 수 있는 곳이어야 한다. 매번 휴대하고 다닐 수 없는 책이나 페이퍼 자료들은 한 장소에 모아놓아야 한다. 원고를 쓰다 보면 전혀 생각하지 못했던 아이디어가 갑자기 떠오르기도 한다. 그럴 때 연관된 자료가 있어야만 아이디어를 적용한 글을 쓸 수 있다.

원고 작업 시 사용하는 도구 또한 중요하다. 예전에는 펜과 종이가 작가의 분신이기도 했다. 지금은 노트북과 컴퓨터가 대신하고 있지만 말이다. 소설가 공지영은 딸아이가 작품을 쓰는 노트북에 손을 댔을 때 크게 혼냈다고 말한 적이 있다. "이걸로 너를 먹이고 입히고 키웠어! 함부로 만지면 안 된단다."

책쓰기에 적합한 환경을 만드는 것은 당신이 원고 작업에 익숙해지기 위한 과정이다. 그래서 유명 작가들은 별도의 '집필실'을 두고 있는데, 그곳에는 책을 쓰는 데 필요한 모든 것이 준비되어 있다고 한다. 당신도 5권 이상의 책을 출간하게 되면 집필실에 대한 욕심을 내게 될 것이다.

셋째, 책을 쓰겠다는 마인드컨트롤

학창 시절에 당신은 방학 계획을 세워본 적이 있을 것이다. 나 역시 그랬지만, 방학 계획을 그대로 실천한 사람은 거의 없었던 것 같다. 그와 마찬가지로 당신이 3개월간 책쓰기를 계획한다고 해서 그대로 될 가능성은 높지 않다. 그래서 원고 작업을 마칠 때까지 계획을 실천할 수 있는 마인드컨트롤이 필요하다.

책쓰기는 정신력 싸움이다. 자신과 약속한 3개월 동안은 지속적으로 자신을 격려하고 신뢰해야 한다. 그리고 책이 출간된 후의 멋진 모습을 상상하며 원고 작업을 밀어붙여야 한다. 책을 쓰다 보면 여러 가지 유혹이 찾아오게 된다. '오늘 하루만 건너뛰자', '오랜만에 만나는 동창 모임이니까 한 잔만 하자' 같은 유혹을 단호하게 뿌리쳐야 한다. 모처럼의 술 한 잔이 3일이라는 시간을 허비하게 한다.

원고 작업이 잘될 때는 그렇게 기분이 좋을 수 없다. 3개월이 아니라 1개월 안에 원고 작업을 끝낼 것 같은 생각이 들기도 한다. 하지만 원고 작업의 리듬을 잃으면 생각이 떠오르지 않는다. 그래서 마음이 흔들리다 보면 어느새 1주일이 훌쩍 지나가고 만다. 그런 상태에서 의욕 상실까지 겹치면 책쓰기의 최대 고비를 맞게 된다.

이처럼 책쓰기의 마인드컨트롤에서 가장 어려운 것은 리듬을 잃는 것이다. 의욕 상실에 빠졌을 때는 다시 원점으로 돌아가서 초심을 회복해야 한다. 책을 쓰겠다고 다짐했던 때를 돌아보면서 그 당시의 '절박함'과 '간절함'으로 다시 책쓰기에 도전해야 한다.

심장이 뛰는 책을 써라

좋은 책에는 벼랑 끝에 몰린 사람을 다시금 회복의 땅으로 이끄는 능력이 있다. 당신의 심장을 뛰게 만드는 책을 읽어본 적이 있는가?

《CEO 산에서 경영을 배우다》(전경일, 김영사, 2008), 《놓치고 싶지 않은 나의 꿈 나의 인생》(나폴레온 힐, 국일미디어, 1991), 《마흔세 살에 다시 시작하다》(구본형, 휴머니스트, 2007), 《이기는 습관》(전옥표, 쌤앤파커스, 2007), 《다산선생 지식경영법》(정민, 김영사, 2006), 《하버드 스타일》(강인선, 웅진지식하우스, 2007), 《10미터만 더 뛰어봐!》(김영식, 21세기북스, 2013)는 나의 심장을 뛰게 만든 책들 중 일부다.

《CEO 산에서 경영을 배우다》는 2009년 초에 교보문고에서 우연히 발견한 책이다. 그 당시 나는 2008년의 사업 위기를 겪은 후 다시 도약할 힘을 얻기 위해 수많은 책을 읽고 또 읽었다. 산을 좋아하지도 않았고, 초등학교 시절 이후 등산이라고는 가본 적이 없는 내게 이 책은 사업가들이 산에 오르는 이유를 알게 해주었고, 사업가로서의 내 심장을 다시 뛰게 해주었다.

> 산을 오를 때는 정상만을 목표로 하지 않는다. 내 등산로에 놓여 있을 온갖 불확실성이나 위험을 이겨낼 날카로운 본능적

예감과 경험이 발휘되기를 바란다. 그래야만 내가 생존할 수 있기 때문이다.

– 전경일, 《CEO 산에서 경영을 배우다》, 김영사, 2008

사업을 하다 위기를 맞으면 정말로 고독하다. 누구와도 함께 할 수 없기에 사장은 외롭고, 그래서 지치고 쓰러지게 된다. 저자 전경일 씨가 5년간의 산행을 통해서 만난 CEO 73인의 이야기를 담은 이 책에서 도무지 가늠할 수 없는 포용력, 스스로를 경계하는 반성의 자세, 세상에 대한 통찰을 느낄 수 있었다. 산에서 만난 그들의 생생한 이야기를 통해서 사업가로서 공감했고, 위로를 받았다.

《하버드 스타일》은 '소망의 심장'을 뛰게 만든 책이다. 나에게 있어 소망의 상징은 바로 하나뿐인 내 딸이다. 어렵게 얻은 딸이기도 하지만, 사랑하는 아내와 꿈꾸었던 멋진 가정을 함께 만들어갈 딸아이는 내게 '소망'을 상징한다.

이 책을 읽을 당시에 딸아이는 초등학교 1학년이었다. 자기 몸보다도 큰 책가방을 등에 메고 학교로 향하는 딸의 모습을 보면서 그 아이를 위해 아빠로서 좋은 길잡이가 되고 싶었다. 그 시기에 읽었던 이 책은 나와 아내 그리고 딸아이에게 '하버드의 꿈'을 갖게 해주었다.

조선일보 기자이기도 한 저자 강인선은 직장 생활 10년 만에 '하버드 케네디 스쿨'에 입학한다. 오랜만에 학교로 돌아가서 지식이 고갈된 머리를 채우는 한편, 하버드에서의 생활을 즐기겠다는 욕심으로 도전했지만 하버드에서의 생활은 결코 녹록하지 않았다고 한다. 한국에서 일류 대학을 나온 그녀의 생존법이 하버드에서는 통하지 않았던 것이다. 시행착오를 겪으며 하버드에서는 '하버드 스타일로' 승부해야 함을 알게 된다.

나는 읽던 책을 덮고 하버드 대학에 가보고 싶다는 열망을 느꼈다. 이 책은 막연히 하버드 대학을 동경하기만 했던 내게 '하버드의 꿈'을 갖게 해주었다. 그 후 아내도 이 책을 읽었고, 우리는 딸아이에게 하버드의 꿈을 알려주었다. 그래서인지 5학년이 된 딸에게 가고 싶은 대학을 물어보면 언제부터인가 '하버드 대학'을 첫 번째로 꼽았다.

이 책은 나뿐만 아니라 아내와 딸에게까지 소망의 심장을 뛰게 해주었다. 미래의 꿈을 꾸고 도전 의식을 심어주었다는 점에서 이 책은 우리 가정에 정말로 좋은 책이다. 당시 하버드의 꿈을 꿨던 딸아이는 현재 퍼블릭 아이비 UIUC에서 열심히 공부하며 자신의 꿈을 좇아가고 있다.

> "하버드에 있다 보면 'home'이 들어가는 두 단어가 여러분을 괴롭힐 겁니다. 하나는 숙제(homework), 또 하나는 향수병

(homesick)입니다. 이걸 잘 견디는 게 중요합니다. 제가 학교 다닐 때 집에 돌아가고 싶은 마음을 꾹 참고 숙제를 열심히 했더니 졸업하고 10년 후에 대통령이 됐어요. 여러분도 그렇게 될 수 있을 겁니다."

– 강인선, 《하버드 스타일》, 웅진지식하우스, 2007

심장을 뛰게 만드는 책은 당신의 눈물이 묻어나는 책이다. 눈물 속의 고통과 위로 그리고 살아남은 이야기가 고객의 심장을 뛰게 한다. 문장의 기교가 아니다. 멋진 어휘를 구사한다고 해서 심장을 뛰게 할 수는 없다. 언어의 유희가 아닌 당신의 눈물을 책 속에 담아야 한다.

누구나 처음 쓰는 책은 투박하다. 하지만 어휘력이 부족하고, 문장이 거칠더라도 당신이 전하려고 하는 메시지에 진실과 에피소드만 담긴다면, 당신의 고객은 반응할 것이다.

베스트셀러의 조건은 무엇일까

2011년에 출판계는 놀라운 일을 경험했다. 인문학 책은 10만 부도 팔리기 어렵다는 통설을 뒤집는 대사건이 발생한 것이다. 사건의 주인공은 마이클 샌델의 《정의란 무엇인가》(이창신 역, 김영사, 2010)라는 책으로서 100만 부가 판매되었다.

출판계에서 100만 부는 '밀리언 셀러'라고 부르는 꿈의 숫자인데, 인문학 책이 달성했으니 큰 사건임에는 틀림이 없다.

국내 출판계의 선두주자인 김영사에서도 기획 당시에는 독자들의 반응이 이 정도일 줄은 예상하지 못했을 것이다. 그렇다면 이 책에는 어떤 일이 있었던 것일까? 그리고 어떤 조건을 갖추고 있기에 밀리언 셀러를 달성할 수 있었을까?

솔직히 말해서 베스트셀러를 예측하는 것은 불가능하다. 하지만 결과를 놓고 볼 때 베스트셀러에 오른 책들은 다음과 같은 세 가지의 공통점을 가지고 있다. 《정의란 무엇인가》도 세 가지 조건에 딱 들어맞는 경우다.

타이밍(Timing): 시장에서 원하는 시기는 언제인가

《정의란 무엇인가》의 편집이 완료될 즈음 김영사에서는 면밀하게 출간 타이밍을 살피기 시작했다. 마침 딱 맞는 이벤트가 기다리고 있었다. 2010년 6월에 지방선거가 있었던 것이다. 모든 선거에는 이슈가 있게 마련이고, MB 정부의 중간 평가를 이슈로 삼았던 지방선거는 진보와 보수, 여당과 야당으로 나뉘어 치열하게 대립함으로써 국민적 관심이 높아지고 있었다. 또한 후보들에 대한 검증과 그에 따른 도덕성 문제로 사회적 관심이 최고조에 달했다. 이러한 시점에서 김영사는 이 책을 5월 26일에 출간했다. 6.2 지방선거를 일주일 앞둔 상황이었다.

마케팅 역시 사회적 이슈에 맞추어 진보 언론을 택했다. 김영사 마케팅팀에서는 '정의'라는 주제에 대해 진보 성향의 언론과 독자들이 빠르게 반응할 것이라고 예상했던 것이다. 진보 언론의 서평 및 기사는 지방선거와 맞물려 있던 비판 의식을 가진 독자들로부터 큰 호응을 얻었다. 또한 고객들의 반응은 예상보다 빨리 주변으로 확산되기 시작했다.

이 책은 출간되고 나서 한 달 반 만인 2010년 7월 첫 주에 교보문고와 예스24에서 전체 베스트셀러 1위에 올랐다. 인문 서적이 전체 베스트셀러 1위에 오른 것은 8년 만의 일이었다. 타이밍은 고객의 잠재된 원츠에 초점을 맞추는 것이다. 아무리 좋은 콘텐츠를 가지고 있어도 타이밍에 맞춰 출간하지 않으면 큰 성과를 기대하기 어렵다.

타기팅(Targeting): 이 책은 누가 살까

《정의란 무엇인가》의 주된 고객은 30~40대 남성이었다. 김영사에서는 사회적, 경제적 변혁기에 있는 이 연령대 남성들의 인문학적 수준을 놓고 고민했을 것이다.

'누가 읽을 것인가?'

고객을 분명히 규정하지 않은 책은 실패하기 쉽다. 누구나 읽을 수 있는 책은 그 누구도 읽지 않을 수 있기 때문이다. 김영사에서는 30~40대 남성의 인문학에 대한 욕구와 세계 최고 명문대에서 가장 인기 있는 교양 강좌라는 후광 효과를 기대했고, 그들의 예상은 적중했다.

베스트셀러가 되기 위한 조건에서 1차 핵심 고객층의 바람은 매우 중요하다. 이 책의 핵심 고객층은 아주 크게 그것도 아주 빨리 반응했고, 그들의 반응은 2차 고객인 20대와 50대로 확산되었다. 마지막으로는 3차 고객인 대학생과 여성층으로까지 확산시키는 데 성공했다. 이처럼 타기팅은 '내 책의 고객은 누구인가?'라는 질문으로 시작한다. 책쓰기를 시작하기 전에 이 질문에 대한 답을 분명히 해야 한다.

타이틀링(Titling): 제목에 살고 제목에 죽는다

《정의란 무엇인가》의 부제는 '하버드대 20년 연속 최고의 명강의'다. 우리나라에서 '하버드'라는 타이틀은 상당한 파워가 있다. 특히 이 책의 타깃인 30~40대 남성들에게 하버드는 세계 최고의 명문대로 인식되고 있다. 바로 그 '하버드'에서 가장 인기 있는 교양 강좌라는 후광 효과를 가져다가 이 책의 제목에 활용했던 것이다. 그 결과 핵심 타깃 독자층을 넘어 보다 다양한 독자층으로 확산되었고, 100만 부 판매라는 실적으로 돌아왔다.

타이틀링, 즉 '제목 짓기'는 책의 구매를 결정하는 의사결정의 핵심 포인트다. 제목 짓기는 책에 생명을 불어넣는 것과 같다. 제목에 살고 제목에 죽는다. 고객의 마음을 단번에 사로잡는 제목은 고객들의 뜨거운 반응을 불러일으킨다. 김영사는 고객들의 마음에 '하버드생처럼 멋진 강의를 듣고 있다'는 생각이 들도록 제목을 정했고, 표지디자인도 그러한 콘셉트에 맞춰 결정했다. 예상했던 대로 고객들은 그런 경험을 하기 위해서 책을 구매했고, 출판사는 대성공을 거두었다.

이처럼 베스트셀러는 우연히 탄생하는 것처럼 보인다. 하지만 베스트셀러에 우연은 없다. 당신의 책을 베스트셀러로 만들고 싶은가? 그렇다면 출판사의 마케팅 전략에만 기대서는 안 된다. 이미 당신 책에 이상의 세 가지 요소인 타이밍, 타기팅, 타이틀링에 관한 핵심 포인트가 정리되어 있어야 한다.

무기의 완성은 '기획 출판'

출판 계약의 의미와 접근법

출판사와 출판 계약을 할 때는 기획 출판을 할 것인지, 자비 출판을 할 것인지에 따라서 차이가 있다는 점을 미리 알고 있어야 한다. 기획 출판을 할 경우에는 저자가 원고에 대한 책임을 지고, 출판사가 그 외의 편집과 제작, 판매 등을 전담하는 조건으로 출판 계약을 하게 된다. 물론 그에 따른 책임과 역할 등은 계약 조건에 따라 당사자가 합의해 구체적으로 기재한다.

반면에 자비 출판은 저자가 원고를 제공하는 것은 물론 제작과 배포에 소요되는 비용까지 지불하는 방식으로 계약한다. 다만 자비 출판이라 하더라도 출판사가 제작만 대행하기도 하고, 저자가 비용을 지불하되 출판사와 협의해 제작비를 판매 수익의 인세와 연계하는 경우도 있다.

'원고 작업을 끝낸 어느 날, 유명 출판사 대표가 직접 찾아와서 계약금을 제시하며 자기 출판사와 꼭 계약해 달라고 정중하게 부탁한다.'

기획 출판을 꿈꾸는 저자라면, 한 번쯤 이런 장면을 상상해 보았을 것이다. 말 그대로 저자가 '갑'이고, 출판사가 '을'이다. 하지만 현실은 어떤가? 출판 계약의 대부분은 저자가 먼저 출판 기획서와 원고를 보내고, 출판사에서 계약 여부를 결정하는 식으로 이루어지고 있다.

사정이 이렇다 보니 출판사로부터 연락이 오게 되면, 저자는 기다렸다는 듯이 감사한 마음으로 달려가서 출판사가 제시하는 출판 계약서에 도장을 찍는 것으로 출판 계약을 맺게 된다. 그래서 어떤 저자는 "억울하면 베스트셀러 작가가 돼라!"라고까지 말한다. 베스트셀러 작가는 출판사로부터 특별한 대우를 받기 때문이다.

일반적으로 기획 출판에서의 출판 계약은 출판사에서 먼저 출간을 제안하고, 그 제안에 저자가 동의하거나 수정하는 등으로 계약 조건을 협의해 결정하는 방식으로 마무리된다. 출판 계약서는 저자와 출판사 간의 법적 효력을 갖는 합의문인 동시에 신뢰에 대한 약속이다. 보통의 거래 계약은 서로의 이익을 관철시키는 것을 목적으로 한다. 하지만 출판 계약은 보통의 거래 계약과는 조금 다르다. 따라서 출판 계약을 진행할 때 쌍방이 서로의 이익을 관철하기 위한 수단으로 접근하면 나중에 후회할 가능성이 높다.

그렇다면 출판 계약에는 어떤 의미가 있고, 어떻게 접근해야 하는지 알아보자.

공동의 이익을 추구하라

서로 마주 보고 달려가서는 안 된다. 저자와 출판사가 한 방향을 바라보아야 한다. 저자와 출판사는 '동업자'라는 의식이 중요하다.

서로를 이용하는 것이 아니라, 좋은 결과를 꿈꾸고 함께 그 과실을 나누는 '같은 편'이 되어야 한다. 그래서 저자와 출판사 편집자는 책의 주제와 메시지를 정하는 것에서부터 주요 고객과 책의 형태, 마케팅과 판매까지 함께 협의하고 고민해야 한다. 따라서 출판 계약은 어떤 책을 출간할 것인지에 대해서 뜻을 같이하는 저자와 출판사가 공동의 목표를 약속하는 의식과 같다.

각자의 책임 범위를 명확하게 정하라

출판 계약은 저자와 출판사가 부담해야 할 책임의 범위와 업무의 한계를 정하는 것이다. 저자는 원고에 관련된 모든 일을 담당하기로 약속하는 것이며, 출판사는 제작과 판매에 관한 모든 일을 담당하기로 약속하는 것이다. 그리고 여기에는 시간과 비용이 소요되므로, 출판 계약을 맺을 때 서로가 명확하게 알고 있어야 한다.

원고는 전적으로 저자의 책임이다. 그림이나 사진, 일러스트 같은 이미지를 사용할 경우, 그에 따른 비용은 모두 저자의 책임이다. 제작과 판매는 출판사의 몫이다. 그래서 실력이 뛰어난 디자이너와 편집자에게 일을 맡길 경우에는 추가로 많은 비용이 들어갈 수밖에 없다. 그렇다 하더라도 필요한 경우라면, 출판사는 투자를 해야 한다. 제작 단계에서도 후가공이 많이 들어가면 비용이 추가되지만 이 역시 출판사의 몫이다.

판매 향상을 위해 함께 노력하라

일부 저자들 중에는 출판사에 원고만 넘기면 자기 할 일을 다 했다고 생각하는 분들이 있다. 그런 저자들은 홍보와 마케팅도 출판사에서 책임져야 할 일이라고 생각한다. 그러다가 판매가 부진하기라도 하면 마케팅을 못해서 그렇다는 식으로 출판사를 탓하기도 한다.

그렇다면 판매 부진이 저자의 책임일까? 아니다. 저자와 출판사 모두의 책임이다. 판매 부진에는 여러 요인이 있겠지만, 핵심은 서로 힘을 합치지 못해서 그렇다. 책은 많이 팔아야 한다. 그래야 저자도 좋고 출판사도 좋다.

저자는 책 판매에서 얻는 인세 수입뿐만 아니라, 판매를 통해서 자신의 비즈니스 고객을 더 많이 모으게 되고, 인터뷰와 강연까지 진행하면서 본인을 더 많이 알릴 수 있다. 출판사는 판매가 늘어날수록 다음 책에 투자할 수 있는 여력을 갖게 되므로 좋을 수밖에 없다.

이유야 어찌 되었든 저자와 출판사가 함께 뛰어야 한다. 강연과 세미나를 통해서 함께 홍보함은 물론, 인터넷과 SNS를 활용해서 최대한 알려야 한다. 출판 계약은 바로 이런 내용에 대해서 저자와 출판사가 약속하는 것이다.

출판 계약 시 주어야 할 것과 받아야 할 것

요즘 사용되고 있는 출판 계약서를 보면 저자는 '갑'이고, 출판사는 '을'이다. 하지만 이것은 서류상에서만 그럴 뿐, 저자와 출판사는 서로가 주고받는 것이 있다. 저자에게는 저자로서의 책임이 있고, 출판사는 출판사로서의 책임이 있다.

이것이 서로 조화를 이룰 때 가장 좋은 결과를 얻을 수 있다.

출판 계약에 대해서 이해했다면, 저자와 출판사가 서로 주고받아야 하는 것이 무엇인지를 알아야 한다.

저자가 출판사에 주어야 할 것

첫째는 원고다. 완성된 원고는 책의 기본이고 핵심이다. 저자와 출판사는 원고와 관련해서 원고의 주제와 분량 그리고 원고 마감일과 양도일에 대해서 협의해야 한다. 특히 '원고의 수준'도 중요하다. 저자는 최대한 원고의 완성도를 높여서 출판사에 전달할 의무가 있다. 그래야만 출판사에서 편집 일정이나 제작 등의 실무를 계획할 수 있다.

둘째는 출판권이다. 출판권은 말 그대로 원고에 대해서 출판하고 배포할 수 있는 권리를 출판사에 일정 기간 동안 위임하는 것을 말한다. 출판권은 한 곳의 출판사에만 주어진다. 여러 출판사와의 중복 계약이 아닌 한 곳의 출판사에 독점적인 권한을 주는 것이다.

셋째는 저작물의 권리 보장이다. 책은 개인의 지적재산권으로 보호를 받는 저작물이다. 따라서 저자는 타인의 저작물을 무단으로 인용하거나 사용해서는 안 된다. 저자는 자신의 원고가 타인의 저작권을 침해하지 않았음을 보장해야 하고, 완성된 원고에 대한 책임은 저자에게 있다.

출판사에서 저자에게 주어야 할 것

첫째는 출간이 완료된 저자의 책이다. 출판사에는 저자로부터 받은 원고를 한 권의 책으로 완성해서 출간할 의무가 있다. 책에는 저자와 출판사의 이름이 명시되므로 저자에게는 얼굴이나 마찬가지며, 출판사에는 명예를 가져다준다. 아무리 평범해 보이는 책이라도 그 책이 사회에 미치는 영향은 우리가 생각하는 것 이상으로 크다. 따라서 출판사는 좋은 책을 만들어서 저자와 세상 앞에 내놓을 의무가 있다.

둘째는 판매에 대한 책임이다. 상업용 책은 판매하기 위해서 만든 책이다. 판매에 대한 1차적인 책임은 출판사에 있다. 따라서 출판사는 홍보와 마케팅을 위해 최선을 다해야 한다.

셋째는 판매에 따른 인세 지급이다. 판매된 책에 대해서는 계약서에 정한 조건에 따라서 소정의 인세를 지급해야 한다. 그리고 출판사에서는 제작과 판매에 관한 자료를 근거로 저자 인세를 투명하게 관리하는 동시에 정해진 기일에 지급해야 한다. 제작과 판매에 관한 자료는 출판사에서 관리하기 때문에, 저자로서는 출판사의 인세 보고에 의존할 수밖에 없다. 그런 상황에서 인세 지급 약속이 지켜지지 않는다면, 저자는 출판사를 불신할 수밖에 없다. 정당하고 투명한 인세 지급이 이루어져야만 저자와 출판사의 신뢰 관계가 유지될 수 있다.

출판 계약은 저자와 출판사 간에 이루어지는 약속이다. 만약 서로가 상대방에게 주어야 하는 것이 무엇인지를 정확하게 모른다면, 완전한 상태의 출판 계약을 체결할 수 없다. 또한 최고의 책을 만들어 세상에 내놓고 싶은 마음은 저자나 출판사나 다르지 않다. 저자와 출판사가 서로의 역할을 명확하게 알고, 각자의 책임을 다할 때 최고의 책을 만들 수 있다. 개인적으로 가장 바람직한 출판 계약은 당사자 모두 손해 본다는 생각이 들지 않는 계약이라고 생각한다.

원고 매수는 어느 정도가 좋을까

당연한 말이지만 원고 매수가 본문 페이지 수를 결정한다. 예전에는 200자 원고지로 1,200~ 1,500매 정도를 써야 단행본 한 권의 페이지 수를 채웠다. 하지만 요즘은 가장 일반적인 단행본 크기인 신국판 250페이지를 채우려면 대략 200자 원고지 800매 정도가 되어야 한다. 이것을 한컴오피스 한글 프로그램에서 서체 크기 10포인트로 작업하면 A4 용지 100매 정도가 된다.

원고 매수는 독자의 눈높이에 맞아야 한다. 원고 매수가 너무 많으면 독자들이 부담스러워하고, 너무 적으면 책값이 비싸다는 생각을 가질 수 있다. 책의 주제와 메시지에 따라

고객이 예상하는 책의 분량은 조금씩 다르다. 이런 이유 때문에 자기 계발서의 경우에는 신국판 크기에 250페이지 내외의 책이 가장 많다. 고객들이 200페이지보다 적으면 불만을 표시하고, 250페이지보다 많으면 부담을 느끼는 것이다.

원고 매수는 독자들이 책을 읽는 시간과 호흡을 결정할 뿐만 아니라, 책의 성격에 따라 달라지기도 한다. 그래서 책이 속한 분야와 타깃 고객에 따라서 원고 매수를 조절하기도 하고, 원고 매수에 따라 책의 형태와 타깃 고객을 결정하기도 한다. 따라서 원고 작업을 시작하기 전에 타깃으로 정한 독자들이 어떤 분야의 어떤 책을 기대하고 있는지를 파악한 후에 적절한 원고 매수를 결정해야 한다.

본문의 원고 매수는 초기의 기획 단계에서 결정해야 한다. 원고 매수의 양에 따라서 원고 작업 기간은 물론 편집과 제작 일정, 출간 예정일에 맞춘 홍보와 마케팅 계획까지 모든 과정이 영향을 받기 때문이다. 심지어 원고 매수가 많고 적음에 따라 출간 시기를 조절하기도 한다. 또한 원고 매수는 제작 비용 산정과 책값을 결정할 때도 중요한 요소로 작용한다.

원고는 편집과 디자인 그리고 제작 과정을 거쳐서 완전한 책으로 만들어진다. 원고의 페이지 수가 바로 비용이다. 편집 비용과 디자인 비용, 제작비 등은 페이지 수와 비례해서 원가가 정해진다. 따라서 책의 주제와 메시지에 어울리지 않는 불필요한 원고는 과다한 비용 지출로 연결되고, 책값을 올리게 되어 결국에는 경쟁력이 떨어지는 책을 만들게 된다.

책에는 경제적 논리에 맞지 않는 일반적인 가격이 존재하기 때문에, 독자들이 심리적으로 인정하고 받아들이는 가격대를 벗어날 수 없다. 따라서 책값은 책의 내용이나 수준, 저자의 브랜드 가치로 정해지지 않는다. 2014년 11월, 도서정가세 시행 전에는 서점에서 다양한 할인 혜택을 받을 수 있었지만 현재는 정가로만 구입이 가능하다.

대표적인 문화상품인 영화의 추세를 보면 도서 시장을 읽을 수 있다. 예전에는 국내에서 상영하는 영화의 러닝타임은 대부분 90분이었다. 그러다가 언제부터인지는 몰라도 상영시간이 120분으로 늘어나면서 영화 관람료도 함께 올라갔다.

이것을 반대로 생각하면 영화 관람료를 올리면서 영화 상영 시간을 늘렸다고 생각해 볼 수 있다. 사실 모든 영화는 촬영이 끝난 후에 감독의 편집 과정을 거치게 되는데, 상영 시간을 늘리고 관람료를 올리는 것은 꽤 괜찮은 비즈니스가 아닌가 하는 생각이 든다. 그리고 영화의 상영 시간이 모두 같은 것은 아니며, 독립영화나 다큐멘터리 영화는 30분짜리도 많다. 이것은 타깃 고객에 따라서 상영 시간이 결정된다는 것을 의미한다.

당신이 쓰고 있거나 쓰게 될 책의 원고 매수는 어느 정도로 결정했는가? 아직 원고 작업에 들어가지 않았다면, 사전에 원고 매수를 미리 결정하고 써야 한다. 페이지 수가 많다고 해서 좋은 책이 되는 것은 아니다. 적당한 페이지 수에 적당한 비용으로 괜찮은 책을 출간하는 것이 저자와 출판사 모두 이익을 얻는 가장 바람직한 방법이다.

비주얼 자료는 어떻게 준비할까

종종 초보 저자들은 이런 오해를 한다. 저자는 원고만 쓰는 사람이며, 그 외의 나머지는 출판사에서 알아서 해주는 것으로 말이다. 결론부터 말하면 전혀 그렇지 않다. 저자에게는 완전한 원고를 출판사에 넘겨줄 책임이 있다. 완전한 원고에는 텍스트와 연관된 사진이나 그림, 일러스트와 만화가 모두 포함된다.

저자는 자기 책에서 사용하게 될 '비주얼', 즉 텍스트를 제외한 모든 사진과 그림, 일러스트 및 만화 자료 등의 제공 의무와 사용 권한, 비용 등에 대해서 알아야 한다. 저자가 본문 원고에서 특정 이미지를 사용했을 경우에는 이미지가 포함된 원고를 건네주어야 하고, 만약 저작권이 있는 이미지라면 그 비용을 저자가 지불해야 한다. 사용 이미지의 저작권료를 출판사에서 지불했다면, 그 비용을 공제하고 인세를 지급하는 것이 관례다. 이때 이미지 저작권료가 지급 할인세를 초과하는 경우도 발생한다.

이미지 등의 저작권 문제를 저자 혼자서 감당하지 못할 때는 출판사에 도움을 요청하기도 한다. 사실 출판사는 이미지나 일러스트 등의 활용과 구매 등에서 많은 노하우를 가지고 있기 때문에 저자보다는 훨씬 유리한 입장이라고 할 수 있다.

저자의 요청으로 출판사에서 이미지 구입과 관련된 저작권 업무를 처리할 경우에는 별도의 비용이 발생한다. 이때의 비용은 제작비에 추가할 수도 있고, 저자의 인세에서 공제하는 방식을 선택할 수도 있다. 어떤 저자는 자신의 인세를 낮추어 받는 것으로 양보하고 출판사의 도움을 받기도 한다.

원고에 필요하다고 해서 이미지를 모두 구매하려고 해서는 안 된다. 이미지 저작권료나 구입비가 생각보다 만만찮기 때문이다. 책의 주제에 따라서 다를 수도 있지만, 원고에 필요한 이미지를 저자가 직접 촬영하는 것도 좋은 방법이다. 물론 비용 때문이기도 하지만, 책을 써나가다 보면 원고와 어울리는 이미지가 반드시 필요할 때가 있다. 그런 이미지는 저자 자신만이 찾을 수 있다. 그런 생각이 들었을 때는 주저없이 카메라를 들고 밖으로 나가서 그 이미지를 찾고 촬영해야 한다.

그래서 당신이 책을 쓰는 동안에는 촬영에 필요한 도구나 스케치에 필요한 연필과 종이가 손에서 떨어지지 않아야 한다. 책을 쓰는 저자들은 관심 있는 영역의 이미지를 촬영하거나 모으는 습관을 들이는 것이 좋다.

사실 주제에 따라서 다르기는 하지만 텍스트로만 구성된 책을 출간할 때보다 이미지와 사진 또는 일러스트가 포함된 조합으로 출간하면 상당한 시너지 효과를 얻을 수도 있다. 사실 책의 표지부터가 그러하다. 요즘 우리나라 출판 시장에서 비주얼이 없는 책은 고객들의 선택을 받기가 쉽지 않다.

책을 기획하는 단계에서 기본적인 사진이나 그림, 일러스트, 만화 등의 활용을 염두에 두어야 한다. 이미지에 따라서 본문을 흑백으로 인쇄할 것인지, 컬러로 인쇄할 것인지가 결정되기 때문이다. 또한 어떤 종이를 사용하느냐에 따라 이미지의 효과가 달라지기 때문에 이미지 사용 여부에 따라 본문 종이를 결정하기도 한다. 컬러로 인쇄할 경우 역시 그에 맞는 종이를 선택해야 한다. 그래서 때로는 사용된 이미지가 몇 컷에 불과할 때는 이미지를 빼고 책을 제작하는 경우도 있다.

출판사는 어디로 결정할까

출판사에는 출판과 관련해 다양한 질문들이 들어온다. 그 중에서 가장 많이 듣는 질문 중의 하나가 출판사 결정에 관한 문제다.

사실 대부분의 초보 저자들이 책을 쓰고 싶어 하면서도 막상 출간하지 못하는 이유가 바로 출판에 관한 지식과 경험이 없다는 데 있다. 일단 원고는 어떻게든 써보겠는데, 원고를 완성한 후에는 어떻게 진행해야 하는지를 알려주는 곳도 없고 배울 곳도 없다. 사정이 이렇다 보니 출판사에 무조건 원고를 보내도 되는 건지, 혹시 내 원고의 아이디어나 콘셉트를 도용당하는 것은 아닌지 수많은 생각이 머릿속에 맴돌다 시간만 보내고 만다.

출판사를 결정하는 문제는 책쓰기에 있어서 가장 중요한 결정 가운데 하나다. 기획 출판을 하려면 먼저 출판사를 정해야 한다. 물론 출판사를 정한다고 그 출판사에서 원고를 받아준다는 보장은 없다. 그래도 당신의 원고를 출간해 줄 출판사를 정해놓아야 심리적으로 안정된 상태에서 원고 작업에 몰두할 수 있다.

대형 출판사와 소형 출판사

저자라면 누구나 규모가 크고 유명한 출판사를 선호하는데, 가장 큰 이유는 대형 출판사일수록 마케팅 능력이 어느 정도 받쳐주기 때문이다. 한마디로 광고비를 많이 집행할 수 있는 출판사를 찾는 것이다. 하지만 마케팅 능력보다 더 중요한 것은 당신의 원고를 가장 잘 소화할 수 있는 출판사를 찾아야 한다는 것이다.

단순히 광고비를 많이 지출한다고 해서 안 팔리는 책이 더 많이 팔리는 것은 아니다. 출판은 여러 전문가들의 힘이 조화롭게 합쳐졌을 때 독자들의 사랑을 받을 수 있는 사업이다. 저자는 원고를 책임지고, 출판사는 편집제작과 판매 그리고 마케팅을 타깃 고객의 원츠에 맞게 책임지고 최선을 다할 때 성공적인 결과를 만들어낼 수 있다.

출판사의 편집자나 디자이너, 마케터들은 각자의 전문 영역이 있기 때문에 한 출판사에서 모든 책을 다룰 수 없을 뿐만 아니라, 모든 책을 베스트셀러로 만들 수도 없다. 출판에서 소화할 수 있는 전문 영역이 있고, 편집자 한 사람이 담당할 수 있는 전문 분야는 많아야 한두 가지 정도다.

따라서 당신이 쓴 원고의 특성과 분야에 맞는 출판사를 찾아야 한다. 어쩌면 당신의 원고를 기다렸다는 듯이 반응하는 출판사가 가장 좋은 출판사일지도 모른다. 이미 원고의 주제를 고민하고 있던 출판사라면, 당신보다 더 큰 애정과 사랑으로 좋은 책을 만들어 세상에 내놓을 수 있다. 무엇보다 중요한 것은 당신의 원고를 책임지는 편집 담당자의 열정과 역량이다. 그래서 대형 출판사보다는 한두 명의 전문 편집자가 일하는 소형 출판사가 더 나을지도 모른다. 그들은 책 한 권 한 권에 출판사의 모든 것을 걸어야 하기 때문이다.

원고가 책으로 만들어져 출간되기까지의 과정에는 반드시 전문가의 손길이 필요한 영역이 있다. 표지디자인, 교정 교열, 내지 편집, 제작 방식 등은 출판 경험이 뒷받침되어야 하는 출판 전문가의 영역이다. 아무리 저자라고 하더라도 이 영역에서만큼은 출판사의 의견을 신뢰하고 따라가야 한다.

자신의 책을 출간해 줄 출판사를 찾기 위해 고민하다 보면 지금까지와는 다른 시각으로 출판사를 바라보게 된다. 소규모 출판사임에 불구하고 연간 20만 부 이상의 책을 판매하는 알찬 출판사도 있고, 대형 출판사이면서도 판매 실적이 부진한 출판사도 있다. 어찌 되었건 당신의 책을 출간해 줄 출판사는 당신과 당신의 원고와 호흡이 잘 맞아야 한다는 점을 가장 유념해야 한다.

Branding 8단계 : 홍보·마케팅

어떻게 브랜딩 할 것인가

"왜, 저자가 책을 팔아야 하죠?"

당신은 왜 책을 쓰고, 출판을 하려 하는가? 삶을 정리하면서 자식들에게 유언처럼 남기고 싶은 마음에서 기념 출판을 하려는 것인가?

아마 이 책을 펼친 당신은 아닐 것이다. 당신은 어떤 이유로든 반드시 책을 출간하고 싶은 간절한 마음으로 이 책을 선택했을 것이다. 그렇다면 당신은 책쓰기를 준비하면서 책이 출간되어 세상에 나오면 누구에게 어떻게 팔 것인지를 고민해야 한다. 당신의 책은 또 다른 당신이다. 출간된 책 속에는 당신의 시간과 에너지와 열정이 들어 있는 것이다.

많은 저자들이 원고를 완성해서 출판사에 넘기면 자신이 할 일은 다 했다고 생각하는데, 그렇지 않다. 책은 출간하는 데 목적이 있는 게 아니라 판매가 목적이다. 고객들에게 책을 팔아야 하고, 그렇게 하려면 출판사뿐만 아니라 저자까지 나서야 한다.

2주에서 1개월 안에 고객 반응을 일으켜라

책이 출간되었다고 해서 출판사가 알아서 홍보와 광고를 해주지 않는다. 대형 출판사라면 출간 초기에는 기본적인 조치를 해주겠지만, 독자들의 반응이 없으면 2주 안에 곧바로 창고로 들어간다. 소형 출판사도 출간 초기에는 나름대로 최선을 다한다. 하지만 마찬가지로 독자들의 반응이 없으면 어쩔 수 없이 창고로 직행한다.

여기서 문제는 '가능성 있는 책'에 있다. 흔히 책에는 생명력이 있다고 한다. 가능성 있는 책은 출고 후 2주에서 1개월 안에 고객 반응을 일으킨다는 말이다. 그런데 중요한 것은 고객의 반응을 지켜보고 나서 어떤 판단을 하는가의 문제다. 확실한 고객 반응을 일으켜서 하루에 수백 권씩 팔리는 책은 판단을 내리기 쉽지만, 대부분의 책은 그렇지 않다. 이때는 저자가 나서야 한다. 저자의 판매에 대한 의지와 열정이 출판사에 힘을 더해주고, 홍보에 더 많은 관심을 기울이게 만든다. 보통은 신간이 서점에 배포되고 나서 1개월 정도의 판매량을 지켜보면 향후의 판매 분위기를 예측할 수 있다.

절박함이 있어야 팔린다

자비 출판의 경우는 어떨까? 자비 출판으로 출간된 책의 판매량은 저자의 관심과 열정에 비례해서 결정된다고 해도 과언이 아니다. 사실 자비 출판은 저자가 비용을 지불하기 때문에 완성도 높은 책을 세상에 내놓기는 어렵다. 그렇다 하더라도 저자와 출판사는 대충 만든 책을 세상에 내놓을 수는 없다. 저자는 자신의 모든 것을 책에 담기 위해 최선을 다하고, 출판사는 비용을 고려하되 가장 좋은 책을 만들기 위해 최선을 다한다.

자, 그렇게 해서 만들어진 책이 출간되면 팔아야 하는데, 특별한 경우가 아니면 광고 예산 같은 건 생각할 수도 없다. 그러면 어떻게 해야 할까? 저자는 책이 세상에 나온 것에 만족한 채 그냥 손을 놓고 기다리기만 해서는 안 된다. 저자로서 할 수 있는 일은 무엇이든 해야 한다.

당신은 저자로서 책이 나왔다는 것을 주변의 모든 지인에게 알려야 한다. 전화를 걸고 문자 메지시를 보내는 등 알릴 수 있는 수단은 뭐든지 활용하라. 또한 당신이 평소에 연락하지 않았던 지인에게도 책이 출간되었음을 알리고 관심을 가져달라고 부탁해야 한다. 그리고 할 수만 있다면 '강의'를 개설해서 당신 책을 주제로 특강도 해야 한다. 많은 사람에게 알리는 것이 가장 중요하다.

책을 쓴 당신은 삶의 새로운 도전을 시작한 사람이다. 그리고 책을 통해서 당신의 도전을 알리는 작업을 하고, 새로운 만남을 만드는 계기로 삼아야 한다. 기획 출판이든 자비 출판이든 당신 이름으로 책이 출간되었다는 사실은 당신 삶에서 새로운 교두보를 마련한 것과 같다.

당신은 출간한 책을 통해 새로운 인생을 시작하는 계기로 삼는 한편, 책을 통해서 당신을 팔아야 한다. 당신이 지금까지 살아온 인생의 노하우가 책 속에 담겨 있음을 알리고 자신있게 당신을 세일즈 해야 한다. 물론 막막할 수 있다. 어떻게 해야 할지 모를 수도 있다. 하지만 상상해 보라. 당신이 사막에서 물 한 모금 마시지 못하고 반나절을 걸었다면 어떤 행동을 취하겠는가? 절박한 심정으로 물이 있는 곳을 찾아 두리번거리지 않겠는가?

당신의 절박함이 있을 때 당신 책을 팔 수 있다. 책을 팔기 위해 노력하는 일은 단순히 책을 파는 것으로 끝나지 않는다. 당신의 그런 모습을 보고 새로운 기회가 찾아온다.

한 권의 책을 쓴다는 것이 얼마나 어려운 일인가? 그 어려운 일을 당신이 해낸 것이다. 그런 당신의 도전과 열정을 세상 사람들에게 알리기만 하면 된다. 책이 팔리면서 저자인 당신의 이름도 함께 알려지는 것이다. 그렇게 해서 당신의 지식과 경험이 알려지게 되면, 그것을 필요로 하는 곳에서 다음과 같은 전화가 온다.

"○○○ 선생님이시죠. 책을 보고 연락드리게 되었습니다."

바로 여기까지가 당신이 책을 쓰고 출간하는 목표가 되어야 한다. 이런 문의가 오면 강의 의뢰인 경우가 많다. 또는 특정 프로젝트를 함께하자는 제안일 수도 있다. 어쩌면 당신의 출간 제안을 묵묵부답으로 거절했던 유명 출판사 편집장에게서 걸려온 전화일 수도 있다.

"두 번째 책은 저희 출판사에서 함께 만들어보지 않겠습니까? 저희가 출간 제안서를 가지고 찾아뵙겠습니다."

어떤가, 상상만 해도 즐겁지 않은가?

온라인과 비대면의 무기도 중요하다

문화상품은 변화의 속도가 빠르다. 소셜 네트워크가 커뮤니케이션의 주류로 자리 잡은 요즘은 반응 속도가 상상할 수 없을 정도로 빠르다. 판매를 목적으로 출판된 책은 문화상품인 동시에 기호 상품이며, 사회 변화의 트렌드를 따르는 경향이 있다. 아이들과 청소년이 읽는 문학 전집류가 아닌 대부분의 단행본들이 이에 해당한다. 하루에도 수백 종의 신간 단행본이 출간되는 출판 시장에서 당신의 책을 팔기 위해서는 가장 먼저 '책 알리기', 즉 홍보에 주력해야 한다.

홍보의 관건은 '어디에', '어떻게' 알리느냐에 있다. 과거의 출판 사업에서 홍보는 곧 비용을 의미했다. 신문광고, 포스터, 서점 광고 등으로 홍보하기 위해서는 적잖은 비용이 들었던 것이다. 물론 지금도 많이 활용되고 있다. 하지만 요즘은 돈을 들이지 않고도 홍보할 수 있는 방법은 많다. 단지 수고로움이 따르기는 하지만 말이다.

오프라인에서 진행하는 홍보 방법에는 비용이 많이 든다. 홍보와 마케팅 예산을 1,000만 원 정도 세웠더라도 신문광고 2~3회와 서점 광고 2개월 정도를 집행하면 예산이 바닥난다. 게다가 그만큼의 홍보, 마케팅 비용을 집행한다고 해서 책이 더 잘 팔린다는 보장도 없다.

그래서 나는 '온라인 홍보'의 적극적인 활용을 제안하고 싶다. 온라인 홍보는 이미 많은 사업 영역에서 사용하고 있는 방법이다. 이제 온라인 세상은 우리 삶의 일부가 된 지 오래다. 당신이 잘 몰라서 참여하지 않고 있을 뿐, 온라인 커뮤니티는 모든 사람들의 소통 공간으로서 없어서는 안 될 존재가 된 것이다.

나는 아직까지도 온라인 세상에 대해서는 아는 것보다 모르는 게 더 많다. 사실 10년 전만 해도 블로그나 온라인 카페 같은 것에는 관심도 없었다. 하지만 지금은 블로그와 인터넷 카페, SNS까지 운영하면서 출판 사업과 관련된 홍보를 온라인에서 진행할 정도로 완전히 바뀌었다.

당신은 어떤가? 블로그나 카페 그리고 SNS를 홍보 수단으로 활용하고 있는가? 아직까지 활용하고 있지 않다면 지금이라도 늦지 않았으니까 즉시 실행에 옮겨라. 오늘부터라도 온라인 도구에 관심을 갖고 활용하는 법을 배워야 한다.

지금은 손안의 컴퓨터인 스마트폰과 어디서나 자료를 활용할 수 있는 무선 인터넷 세상인 클라우드 컴퓨팅을 활용하는 세상이다. 새로운 정보를 받아들이는 속도가 이전과는 비교할 수 없을 정도다. 앞으로 이러한 온라인 도구를 활용하지 않고는 어떤 사업도 쉽지 않을 것이다. 출판은 변화의 속도가 더 빠를 것이다. 온라인 세상 속에서 당신의 이름과 당신의 책을 자리매김하고, 당신의 고객들을 모으는 역량이 있어야 한다.

온라인 홍보를 효과적으로 활용하기 위해서는 다음과 같은 세 가지 핵심 역량을 키워야 한다.

온라인 카페와 블로그를 만들어서 활용하라

온라인 카페나 블로그를 만들 때는 주제가 있어야 한다. 따라서 어떤 주제의 카페와 블로그를 운영할 것인지가 관건이다. 당신이 책 한 권으로 끝낼 목적이 아니라면, 살아온 삶 속에서 하나의 주제를 선택해 카페나 블로그를 만들어야 한다. 그런 다음에 당신이 쓴 책을 하나의 소주제로 묶어야 한다.

나는 '성공책쓰기아카데미'라는 이름의 온라인 카페를 운영하고 있다. 이 카페의 핵심 주제는 '성공'과 '책쓰기'다. 나는 그곳에 '책쓰기와 출판'에 관련된 글을 올리는 한편, 각종 자료를 모아서 회원들에게 공개한다. 그리고 내가 지향하는 가치는 '책을 써서 성공하자'라는 것이다. 이처럼 당신도 자신의 장점 또는 강점을 담을 수 있는 카페와 블로그를 만들어서 온라인 세상 속으로 들어가야 한다.

당신의 고객이 찾아오게 하라

당신이 만든 카페와 블로그에는 어떤 사람이 찾아올까? 당신은 당신의 고객을 알고 있어야 하고, 그들이 찾아오도록 만들어야 한다. 내 고객은 책을 쓰고 싶어 하는 모든 사람이다. 그렇다고 해서 우리나라 전 국민을 대상으로 하는 것은 아니다.

1차 고객은 전문 강사, CEO, 자기 분야의 전문가, 은퇴 예정자들이다. 이유는 그분들에게는 자기 책이 정말로 필요할 것이라는 확신이 있기 때문이다. 예를 들어 전문 강사는 자기 책을 써야만 자신의 위치를 유지하고 더 발전시킬 수 있다. CEO는 책을 써서 회사를 홍보할 수 있다. 전문가인 의사, 변호사, 목회자 등은 본인의 영역에서 쌓은 지식과 경험을 책으로 출간해서 명예를 높이는 한편, 자신의 역량을 배양할 수 있다. 은퇴 예정자들은 새로운 도전에 나서기 위해서 책을 쓰며 미래를 준비할 수 있다.

2차 고객은 학생들이다. 초등학생과 중고생들에게 책쓰기는 본인의 꿈을 향한 새로운 도전이 되기도 한다. 성적과 경쟁에 내몰린 학생들에게 책쓰기는 미래의 삶을 꿈꾸게 하는 좋은 기회가 될 것이다.

카페나 블로그를 처음 시작하면 찾아오는 사람이 거의 없을 것이다. 온라인에서 사람들의 관심을 얻기가 그만큼 힘들다는 얘기다. 게다가 지금은 SNS와 유튜브의 세상이 아닌가. 하지만 나는 카페와 블로그를 베이스캠프라고 생각한다. 즉 온라인 홍보에서 카페와 블로그는 기본적으로 갖추어야 할 조건인 것이다.

카페와 블로그를 운영하면서 회원 수를 높이려면 '초대'라는 도구를 활용하면 된다. 당신이 고객이라고 생각한 사람들에게 '카페 초대'의 쪽지나 메일을 보내라. 하루에 50건 정도를 보내면 10퍼센트에 해당하는 5명 정도는 방문해서 회원 또는 친구가 되어줄 것이다.

당신에게서만 얻을 수 있는 자료를 지속적으로 업데이트하라

사람들은 이익에 반응한다. 당신이 운영하는 카페와 블로그에는 고객들에게 이익이 되는 자료와 정보가 있어야 한다. 그래야만 사람들이 모인다. 당신을 찾아온 회원이나 친구들은 당신의 진심과 열정에 비례해서 함께 활동한다. 또한 당신만의 지식과 감동이 있어야 한다. 그것이 어렵다면 자료의 양이라도 많아야 한다. 한마디로 온라인 세상에서 당신의 자리를 구축하려면 부지런할 수밖에 없다. 부지런히 글을 써서 올리고, 자료를 가공하며 정리해서 보기 좋게 업데이트를 해야 한다.

이러한 노력을 기울인다면 당신과 뜻을 같이하려는 온라인 친구가 생기기도 한다. 그러면서 자연스럽게 당신의 책을 소개할 수 있고, 책을 쓰는 과정에서 얻은 정보를 공유할 수도 있다. 온라인 회원 수는 그래서 중요하다. 당신이 운영하는 카페와 블로그에 반응하던 고객들은 당신이 책을 출간했을 때 기꺼이 책을 구매해 주고, 입소문 내주는 홍보자로서의 역할도 마다하지 않을 것이다.

온라인 카페와 블로그는 기본이다

책을 쓰고, 책을 알리며, 당신을 알리기 위한 수단으로 카페와 블로그는 가장 좋은 도구다. 온라인 홍보를 통해서 당신과 당신의 책을 알리고, 판매를 촉진하기 위해서는 카페와 블로그를 효과적으로 활용해야 한다.

사실 카페와 블로그를 운영하면 초기에는 회원을 모으기가 어렵지만, 일단 어느 정도 회원 수가 늘면 그다음은 어렵지 않다. 방법을 모르기 때문에 카페를 만들지 못하거나 활성화시키지 못하는 것이다.

카페나 블로그를 만들 때 가장 중요한 것은 콘셉트를 정하는 일이다. 당신이 가장 자신 있는 분야의 주제와 콘셉트를 정해야 하는데, 그것에 더해서 경쟁자가 많지 않은 니치(Niche) 영역, 즉 틈새시장의 콘셉트라면 더욱 좋다. 콘셉트도 없이 무작정 만든 카페나 블로그에서는 효과를 기대할 수 없다. 훗날 오히려 역효과를 불러올 수도 있다.

만들기 전에 자신이 원하는 방향과 유사하거나 참고할 만한 곳을 찾아내서 비교 분석해 볼 필요가 있다. 그렇게 해야만 콘셉트와 카테고리 분류, 디자인 등에서 다른 카페나 블로그와 차별화해 구성할 수 있기 때문이다. 그리고 초기에는 게시판이 너무 많으면 관리가 힘들어지므로, 관리할 수 있는 범위 내에서 게시판을 만들면 된다.

모든 현상에는 '임계점'이라는 것이 있다. 어느 한계치를 넘어야 폭발적인 효과가 나타난다. 카페나 블로그도 마찬가지다. 운영 초기에는 회원 수도 적고 방문자 수도 적다. 그렇다고 관리에 소홀해서는 안 된다. 3~6개월까지는 인내심을 가지고 글과 자료를 올리는 일에 최선을 다해야 한다. 그렇게 하면 회원들이 모여들면서 글이 쌓이고, 입소문이 나면서 많은 사람들이 알게 된다. 그러다가 어느 한순간에 갑자기 회원 수가 폭발적으로 증가하는 시점이 온다.

처음 개설하면 글이 부족하기 때문에 궁금증을 유발하기 위해서 게시판을 정회원 이상만 볼 수 있도록 설정하는 것도 하나의 방법이다. 그리고 어느 정도 회원이 모이면 상황에 맞춰서 준회원과 일반 방문자들도 볼 수 있도록 오픈하는 방법을 사용하는 것이 좋다. 그리고 다른 카페나 블로그 게시판에 초대글을 올리는 방법도 고려해 볼 필요가 있다.

중요한 것은 어떻게 하면 많은 사람들이 내 글을 읽도록 만들 것인가에 대해 고민해야 한다. 온라인에서는 하루에도 수십, 수백 건의 스팸성 댓글과 쪽지, 메일이 날아든다. 그중의 대부분은 읽어보지도 않은 채 삭제되고 만다. 그래서 일단 '제목'이 중요하다. 메일과 쪽지, 게시판에서 삭제되지 않으려면 제목을 잘 적어야 한다.

조회수가 많은 글들은 공통점이 있다. 홍보성 글임에도 사람들이 읽어보는 경우가 있다. 그런 글들의 대부분은 '재미와 흥미' 또는 '호기심'을 자극하는 제목이 달려 있다는 점이다. 재미와 흥미를 느낄 수 있는 제목을 달아서 초대한다는 쪽지를 보내보라. 분명히 기대 이상의 효과를 보게 될 것이다.

그런데 제목이 전부는 아니다. 제목에서 시선을 끌었다면, 내용이 알차야 한다. 게시판에 올린 글 중에서 클릭 수가 높은 글들의 공통점은 제목은 말할 것도 없고, 다른 사람들에게 도움이 되는 내용을 담고 있다는 점이다. 그것은 문체나 글의 화려함과는 상관이 없다. 제목에 맞는 좋은 내용 그리고 사소한 정보라도 작성자의 진정성을 느낄 수 있는 글이라야 방문자의 마음을 붙잡을 수 있다.

온라인 카페, 블로그 운영 시 주의사항

카페와 블로그를 만들었으면, 본격적으로 회원 수를 늘리는 작업을 시도해야 한다. 이때 주의할 점이 있는데, 아무런 기준도 없이 회원을 모아서는 안 된다는 것이다. 한때 온라인 마케팅 대행업체에서 최단 시간에 회원 수를 늘리는 기법을 광고한 적이 있는데, 이런 방법은 바람직하지 않다.

물론 짧은 시간 내에 많은 수의 회원을 모을 수는 있다. 사회적 이슈가 되는 내용을 제목으로 써서 다른 카페와 블로그에 쪽지를 뿌리면 쉽게 회원들을 모을 수는 있다. 하지만 그런 방법으로는 충성도 높은 회원을 확보할 수 없다. 당신이 만든 카페에는 콘셉트와 주제가 있다. 그 콘셉트와 주제에 맞는 회원들을 모아야만 나중에 회원들과 함께 카페와 블로그를 활성화시켜서 서로의 이익을 공유할 수 있다.

회원을 모으기 위한 수단으로 카페의 주제와 맞지 않는 연예인에 관한 글이나 사회적인 이슈에 관한 글을 사용하면 회원들은 모이지만, 그런 회원들로는 아무것도 할 수 없다. 그런 회원은 사회적인 이슈가 사라지면 안개처럼 함께 사라지고 만다.

온오프라인 무료 강의로 사람을 모아라

사실 책의 판매율을 높이기 위한 마케팅은 책을 기획하는 단계에서 생각하고 있어야 한다. 책이 출간된 후에는 홍보와 마케팅에 쏟을 시간이 의외로 많지 않다. 따라서 책쓰기를 준비하는 단계에서 판매와 마케팅에 대한 사전 준비와 실행 계획을 세우는 것이 가장 좋다.

카페나 블로그에 책을 써 내려가며 책에 대한 내용을 살짝 공개하는 것도 좋은 방법이다. 주변에 퍼나르기를 부탁하기도 하며, 당신이 책을 쓰고 있으며, 어떤 책인지 그리고 출간 예정일까지 미리 공개하는 것이다. 물론 SNS를 활용해서 온라인 친구들에게 알리는 것도 잊지 말아야 한다.

책이 출간된 후에 가장 강력한 홍보, 마케팅 도구는 저자의 강의를 개설하는 것이다. 당신 책의 주제와 관련해 특강 형식의 강의를 개설해 보라. 혹시 강의 경험이 없어서 부담감이 있는가? 하지만 걱정하지 마라. 당신은 책을 쓴 저자이기 때문에 당신 책으로 강의 준비를 한다면 멋지게 해낼 수 있다. 처음부터 유명 강사처럼 할 수는 없다. 하지만 당신에게는 도전 정신과 열정이 있다. 책에 담긴 메시지를 주제로 2시간 분량의 강의안을 짜보면서 강의를 준비하라.

강의를 하기 위해서는 다음과 같은 두 가지의 준비가 필요하다.

첫째, 강의장에 사람을 모아라

평일 저녁, 서울 강남에는 성인을 대상으로 하는 다양한 사교육 프로그램이 진행된다. 동기부여와 리더십을 비롯해서 창업과 마케팅 등 각 분야의 전문가들이 직장인들과 사업자들을 대상으로 2~3시간씩의 특강을 여러 곳에서 진행한다.

책 출간 후 강의에 나서려면 강의 무대가 있어야 한다. 당신이 직접 수강자들을 모을 수도 있고, 이미 강의를 진행하고 있는 강사의 도움을 얻어 강의를 개설할 수도 있다.

처음에는 5~10명만 나와도 다행이라고 생각해야 한다. 어떻게든 사람들이 모이기만 하면 그들은 당신의 예비 고객들이다. 당신의 메시지가 그들에게 이익이 되고, 명확하게만 전달된다면 그들은 당신의 충성 고객이 될 수 있다.

둘째, 강의 준비는 철저하게 하라

강의를 처음부터 잘할 수는 없다. 그러나 준비는 철저하게 해야 한다. 그래야만 조금씩 나아갈 수 있고, 어느 순간이 되면 프로페셔널 강사의 자리로 점프할 수 있다. 사람들은 잘하는 강의보다 열정적이면서 진심 어린 강의에 감동한다. 사람들이 공감할 수 있는 강의를 준비하면 된다. 게다가 무료이거나 비용을 적게 받으니 강의를 듣는 고객들에게는 얼마나 좋은 일인가? 강의를 들으러 온 고객들도 시간당 수백만 원짜리 강사의 강의 수준을 기대하지는 않을 테니까 말이다.

강의 준비의 기초는 일단 여러 강사의 강의도 직접 들어보는 것이다. 강의 현장을 가지 않아도 온라인 교육 사이트에 들어가 보면 유명 강사부터 신참 강사까지 다양한 주제의 강의를 들을 수 있다. 비용도 그리 비싸지 않다. 하루에 30분씩 2개월 정도만 꾸준히 듣다 보면 자신과 통하는 강사가 있다. 그때부터는 그 강사를 벤치마킹하는 것이다. 강의안과 강의 스타일, 강의 복장까지 관찰하면서 배워가는 것이다.

모든 일이 그렇듯 강의도 직접 해봐야만 실력이 향상된다. 아무리 책을 보고 강의를 듣고 배워도 강의는 현장 경험이 중요하다. 그래서 책이 출간된 후에는 당신을 불러주는 곳이면 어디든지 갈 수 있다고 생각해야 한다. 당신을 불러주는 곳은 고마운 곳이다. 그곳에서 준비해 간 강의를 죽을힘을 다해 고객들에게 전달하고 돌아오는 것이다.

강의 현장에서 책을 구입해 달라고 부탁하는 데는 한계가 있다. 또한 한 사람이 여러 권을 사는 것도 쉽지 않다. 따라서 강의 현장에서는 당신과 당신 책을 알리고, 당신이 지금까지 쌓아온 삶의 지혜와 경험 그리고 유익한 지식을 전달하는 것까지가 저자로서 책을 홍보할 수 있는 최선의 방법이다.

강의에서 중요한 것은 '진짜'를 가지고 있는 것과 진짜를 전달하고자 노력하는 '열정'에 있다. 우리는 지금 지식이 넘쳐나는 시대에 살고 있다. 사람들은 지식 그 자체보다는 그 지식을 활용해서 실제적인 삶의 지혜를 얻고 싶어 한다. 무료 강의로 사람들을 모아서 열정적으로 강의하다 보면 책도 더 많이 팔리고, 더불어 강의 의뢰를 받을 수 있는 새로운 기회가 올 수도 있다.

신문사에 기삿거리를 제공하라

당신은 매일 신문을 읽는가? 인터넷이 없던 시절에는 필요한 정보를 신문과 방송매체를 통해서 얻었다. 특히 신문에서 다루어지는 서평 기사는 책 판매에 상당한 영향을 미쳤다. 물론 요즘도 모든 신문에서 매주 한 번씩은 북리뷰 섹션을 별도로 지정해서 기사를 내보내고 있기는 하다. 하지만 오프라인 신문의 리뷰 기사가 책 판매에 미치는 영향력은 예전만 못하다.

그렇다면 책이 출간되었을 때 신문에서 소개해 주는 리뷰 기사는 소용이 없는 것일까? 물론 그렇지 않다. 오프라인 신문에서 다루는 리뷰 기사의 영향력은 약해졌지만, 온라인 신문의 경우는 다르다. 오히려 온라인 신문의 리뷰 기사가 오프라인 신문의 영향력보다 더 커졌다고 할 수 있다.

온라인에서 검색을 해보라. 검색 결과의 중간 부분을 보면 주제어와 연관된 기사 관련 정보들이 모두 검색된다. 중요한 것은 〈조선일보〉, 〈동아일보〉, 〈중앙일보〉로 대표되는 중앙일간지 기사만 뜨는 게 아니라는 점이다. 물론 제한을 걸어둔 경우를 제외하고 대부분의 기사 검색 결과는 온라인 신문사들의 기사를 포함해서 공평하게 시간 순서나 정확도 순서로 볼 수 있다.

예전처럼 오프라인의 중앙일간지만 있었다면, 책 리뷰 관련 기사를 신문에 모두 담을 수 없었을 것이다. 하지만 지금은 다양한 온라인 신문사들이 있고, 기사를 발행하는 데 거의 비용이 들지 않기 때문에 온라인 신문사를 잘 활용하면 북리뷰 기사를 쉽게 낼 수 있다.

그렇게 해서 책이 검색되면 더 많은 사람에게 알릴 수 있고 판매에도 도움이 된다. 온라인 신문에 기사를 게재할 수 있는 요령을 소개하면 다음과 같다.

첫째, 온라인 신문의 담당자 리스트와 메일을 확보하라

온라인 신문의 책 소개나 리뷰 기사를 담당하는 기자의 이름과 이메일 주소를 모아야 한다. 일단은 기사를 검색하는 방법이 가장 쉽다. 최근 6개월 동안의 책 관련 기사를 작성한 기자들을 대상으로 모든 온라인 신문과 매체의 기자들 자료를 확보해 두어야 한다.

기자는 본인에게 할당된 지면을 채워야 하기 때문에 기삿거리가 필요하다. 그래서 주기적으로 기삿거리를 보내는 것이 중요하다. 기삿거리가 넘칠 때는 어쩔 수 없지만, 갑자기 기사가 취소될 때는 미리 준비된 기사를 싣게 된다. 이때를 위해 기자들에게 당신의 이름을 기억시키는 것이 중요하다.

둘째, 책에 관한 기삿거리를 A4 용지 한 장에 작성하라

고객 중심으로 사고하는 것은 언론에서도 중요하다. '기자'를 고객으로 봤을 때 그들의 입장에서 기사를 제공해 주어야 한다. 가장 좋은 방법은 완벽한 기사를 제공하는 것이다. 기자의 입장에서 자기 시간을 절약할 수 있게 해주는 센스가 필요하다. 물론 약간의 손질은 하겠지만, 자료만 보내는 것보다는 기사 형식으로 만들어서 보내는 것이 좋다.

기자에게 보낼 기사를 작성할 때는 유사한 리뷰 기사를 참조하면 된다. 책을 쓰는 동안 틈틈이 미리 두세 개의 기사를 써놓는 것도 괜찮은 방법이다. 또한 기사를 쓸 때는 제목에 주의해야 한다. 가능하면 평범한 제목보다는 사람들의 시선을 끌 수 있는 기사 제목과 문구를 사용해야 한다. 기사의 양은 A4 용지 한 장 정도가 적당하다. 기사 내용이 너무 많거나 적을 경우에는 신문 기사로 활용하기가 쉽지 않다.

셋째, 책에 관한 기삿거리는 메일로 두 번 보내라

출판사로부터 일주일 내로 책이 출간된다는 연락을 받으면 출간 예정에 맞춰 준비한 기사를 기자들에게 발송해야 한다. 그런데 여기서 주의할 점은 전체 메일 발송을 해서는 안 된다는 점이다. 조금 수고스러워도 기자 한 사람마다 기자의 이름을 불러주며 개별적으로 발송해야 한다. 중요한 것은 보내는 사람의 진심과 정성이다. 메일 한 통 한 통에 당신의 마음을 담도록 하고, 기사를 실어야 하는 이유를 기자 입장에서 설명해 주어야 한다.

그리고 책이 출간되면 일주일 안에 책이 출간되었음을 알리는 기사를 처음에 보낸 것과 같은 과정으로 다시 한 번 보내야 한다. 마지막으로 기사가 나오면, 담당 기자에게 감사 인사를 하는 것도 잊어서는 안 된다.

이때 감사 인사를 한다고 해서 금품을 건네라는 얘기가 아니다. 이번 일을 계기로 기자의 마음을 얻으라는 것이다. 개인적으로는 진심 어린 편지와 함께 커피 기프티콘 정도의 선물을 하는 것이 무난하다고 생각한다. 그리고 책과 관련된 기사나 정보를 모아서 담당 기자에게 주기적으로 보내주는 것도 좋은 관계를 유지하는 방법이다.

수단 방법을 가리지 말고 노출시켜라

당신의 첫 책이 출간되면 무척이나 기쁠 것이다. 많은 시간과 노력을 기울인 끝에 드디어 책이 출간되었다는 사실에 즐거워하지만, 얼마 지나지 않아서 냉혹한 현실과 마주하게 된다. 책이 서점에 배포되고 나면 오프라인 서점을 찾아가서 내 책이 어디에 있는지 확인하게 되고, 매일 아침 일어나자마자 온라인 서점 홈페이지를 열어서 판매 동향을 체크하기도 한다. 혹시라도 분야별 베스트셀러 순위에 올랐을까 하고 내심 기대하면서 홈페이지 이곳저곳을 클릭해 보지만 이내 실망하게 된다. '왜 내 책은 안 팔리지? 도대체 출판사에서는 뭐 하는 거야!'

2021년의 신간 발행 종수가 64,657종이었으니 하루 약 180종의 책이 출간되는 셈이다. 이런 상황인 우리나라 출판 시장에서 어떻게 해야 당신 책의 판매량을 높일 수 있을까? 그 해답은 '노출'에 있다. 당신 책이 출간되었음을 고객들이 알 수 있도록 모든 수단과 방법을 동원해서 알려야 하는 것이다.

출판사 사장들은 흔히 출판사 경영에서 성공하려면, 다음 두 가지를 반드시 기억해야 한다고 말한다. 첫 번째는 책을 잘 만들어야 한다. 콘텐츠는 물론 디자인과 제작까지 고객들의 '원츠'에 맞춰야 한다. 두 번째는 책을 잘 팔아야 한다. 아무리 좋은 책을 만들어도 팔지 못하면 폐지로 처분할 수밖에 없다. 그래서 잘 만드는 것보다 잘 파는 것이 더 중요하다.

책을 잘 팔 수 있는 조건

그렇다면 어떻게 해야 잘 팔 수 있을까? 여기에도 두 가지 방법이 있다. 먼저는 출판사의 브랜드 가치를 높여야 한다. 사실 고객들이 책을 선택할 때 출판사를 보고 결정하는 비중이 높다. 고객들에게 인식된 출판사의 브랜드 이미지는 책 판매와 직결된다.

두 번째는 저자를 잘 키워야 한다. 고객들이 책을 선택할 때 출판사보다 더 중요하게 생각하는 것이 저자의 이름이다. 독자들이 신뢰하는 저자의 이름은 그 자체가 브랜드이며, 저자의 명성에 걸맞은 판매량을 보장해 준다.

여기서 중요한 것은 '저자의 이름'이다. 고객들에게 인식된 저자의 이름은 책 판매량에 큰 영향을 미친다. 출간된 첫 책에 만족한 독자는 두 번째 책의 예비 구매자다. 따라서 중요한 것은 첫 책을 노출시켜야 한다는 것이다. 가능하면 최대한 많이 노출시켜서 당신의 타깃 고객들 손에 책이 들릴 수 있도록 해야 한다.

프랑스 소설가 베르나르 베르베르(Bernard Werber)는 소설 《개미》(이세욱 역, 열린책들, 2001)의 저자로, 우리나라에서는 아주 유명한 작가다. 책이 출간되기만 하면 기본 판매량을 확보하는 저자 중 한 사람이다. 그런데 우리나라 출판사인 '열린책들'에서 베르나르 베르베르를 전략적으로 키웠다는 사실을 아는 사람은 많지 않다.

베르나르 베르베르는 1990년대 중반 당시 프랑스에서 유명한 작가가 아니었다. 우리나라에서 번역 출간된 《개미》의 판매량이 프랑스보다 많아서 오히려 우리나라가 프랑스 출판계에 영향을 미쳤다고까지 말한다. 그렇다면 열린책들 출판사에서는 발음하기도 어려운 작가의 이름과 작품을 어떻게 노출시키고 알렸을까?

출판사에서 수립한 홍보 전략은 작가 '베르나르 베르베르의 브랜드 만들기'였고, 노출 포인트는 '차별화'였다. 출판사에서는 무가지(무료로 나누어 주는 신문)도 만들었다. 그리고 지면의 일부를 저자와 책을 소개하는 코너로 할애했고, 디자인의 차별화와 무가지 배포의 차별화를 실행에 옮겼다.

즉 책이 출간되기 전부터 저자 베르나르 베르베르에 대한 이미지메이킹을 시도했고, 당시에는 없었던 서점 진열대 옆에 무가지 배포 코너까지 만들어서 독자들의 눈에 띄게 했다. 책이 출간된 후 이러한 노출 전략을 지속적으로 반복한 결과 베르나르 베르베르는 우리나라에서 베스트셀러 작가 반열에 오르게 되었다.

그로부터 20여 년의 시간이 흐른 지금은 이러한 노출 전략이 보편화되었다. 지금은 2020년이다. 현재에 맞는 노출 전략을 찾아야 한다. 열린책들 출판사가 그랬던 것처럼 '차별화된 노출'로 저자인 당신의 이름과 책을 노출시킬 수 있는 아이디어에 대해 고민해야 한다. 저자가 직접 고민하고 생각해서 찾아낸 노출 전략이 준비되면, 출판사를 선택하는 데 큰 힘이 된다. 지명도가 있어서 기본적인 판매량이 보장되는 저자는 어느 출판사에서도 환영을 받는다. 심지어는 편집장이 아니라 출판사 대표가 선인세를 들고 와서 기획 출판을 제안하기도 한다.

어떻게든 팔리는 책을 쓰는 저자가 되어야 한다. 그렇게 되기 위한 첫걸음은 원고를 쓴 저자로서 당신이 먼저 노출 전략에 대해 고민하고, 최선의 방안을 찾는 것이다.

3장

퍼스널 브랜딩 **책쓰기를 무기로** 활용하는 법

Branding

당신 책의 제목이 당신을 브랜딩 한다

제목은 저자와 독자의 연결점이다

퍼스널 브랜딩 책쓰기의 핵심은 저자의 브랜딩이다. 책이 퍼스널 브랜딩의 핵심이 되기 위해서는 '책 제목 짓기'에 목숨을 걸어야 한다. 브랜딩의 핵심은 '인식'인데 예비 고객이 책을 읽고 독자의 단계를 지나서 저자인 당신에게 직접 연결해 오는 고객화의 단계를 위해서는 '잘 짓는 제목'이 핵심이다.

다음은 제목을 잘 짓기 위해서 필수로 알아야 할 내용이다.

6개월 뒤 시장 트렌드를 예측하고 이슈를 추출하라

퍼스널 브랜딩 책쓰기는 6개월 뒤의 시장을 읽어내는 것이며 그 결과로 제목을 짓는 게임이다. 6개월 뒤의 시장을 어떻게 예측할 수 있을까? 사실 완벽한 예측은 불가능하다. 하지만 대략적인 시장 방향과 고객들이 움직이는 키워드를 유추해 내는 것은 가능하다.

제일 먼저 관심과 주목해야 하는 것은 현재부터 6개월 동안의 '이슈'를 찾는 것이다. 포털의 뉴스 코너에서 자주 다루는 헤드라인과 댓글들, 유튜브에서 트래픽이 나오는 주제들 그리고 3~6개월 사이의 국가적인 이벤트를 찾아보고 연결해서 생각해 봐야 한다. 그리고 SNS 상에서 바이럴 되는 '이슈 키워드'를 찾고 읽어내야 한다. 1장에서 언급한 《면역력을 처방합니다》의 경우 시장에 딱 맞는 책 제목으로 저자인 정가영 원장과 개원 병원을 브랜딩 하는 데 성공한 사례다.

책 제목을 고민하며 시장을 조사할 때 제일 주목한 것은 건강 시장의 성장과 건강기능식품 업체들의 매출 증가였다. 이미 100세 시대에 들어선 우리나라 상황에 건강 시장은 점점 더 커질 것이고 기능의학 전문의인 저자의 강점을 시장과 연결하기 위해서 추출한 키워드가 '면역력'이었다. 이후 코로나19 이슈가 온 나라를 뒤덮었고 많은 병원들이 방문 환자 감소로 매출 하락의 위기를 겪을 때 도리어 '면역력'이 이슈가 돼서 'MKTV 김미경TV'와 각종 방송 출연 등까지 연결되어 브랜딩에 성공했다.

책 주제와 관련된 유튜브, 블로그를 공부하라

아직도 유튜브를 재미로 보고 블로그의 글을 취미 활동의 연장으로 읽는다면 당장 주제별로 선별해서 매일 꾸준히 유튜브를 시청하고 블로그 글을 읽으며 최신 키워드의 인사이트를 정리해야 한다. 여기서 중요한 것은 스터디 할 유튜버와 블로거를 선정하는 것이며 매일 정한 시간 동안 글을 쓰는 꾸준한 루틴에 있다.

유튜버와 블로거 선정 시 주의할 점은 인기 있고 트래픽이 많다고 다 내게 필요한 유튜버와 블로거는 아니라는 점이다. '고수'를 찾아내야 한다. 시장과 내 주제를 깊게 보고 꾸준히 지식과 정보를 업데이트하고 있는 '진짜 고수'를 찾아야 한다.

또 중요한 것은 유튜브와 블로그를 꾸준히 매일 시청하고 읽으며 공부하는 것이다. 꾸준한 공부의 루틴 속에서 흐름이 보이고 패턴이 읽힌다. 흔히들 '시대에 대한 혜안'이 있다는 사람들은 자신들의 프레임을 가지고 세상의 패턴을 읽어내는 사람들이다. 우리는 '혜안'까지 필요한 것은 아니기에 3~6개월의 지속적인 공부만으로 브랜딩이 가능한 책 제목을 추출해 내는 통찰은 가능하다.

애널리스트의 산업 투자 보고서를 모니터링하라

아마도 '책 제목을 짓는 데 웬 애널리스트 보고서?'라는 생각이 들 것이다. 주식은 6개월~1년을 선행한다. 현재의 주식 가격은 지금 시장 상황을 반영하는 것이 아니다. 6개월 이후의 산업과 시장 트렌드 그리고 종목별 상황을 앞당겨서 반영한다. 더욱이 애널리스트들의 보고서들은 그 내용을 조사해서 일목요연하게 상세히 정리해서 알려주고 있다.

위험 자산인 주식은 모든 책임이 투자자 개인에게 귀속된다. 그렇기에 주식 투자를 제대로 하는 개인들은 정말로 엄청난 공부를 한다. 주식 투자를 안 하고 몰라도, 책을 쓴다면 꼭 애널리스트들의 투자 보고서를 매일, 매주 읽고 공부해야 한다.

애널리스트들은 대한민국의 인재들로 구성되어 있다. 그들 또한 세계경제를 수치로 확인하며 국내 수출과 수입 그리고 돈과 자원의 투입과 산출을 체계적으로 확인한다. 책을 쓰는 우리도 투자자들이 금융과 산업의 흐름, 국가별 위험과 외환 및 원자재 등의 투자를 왜 그렇게 의사결정하는지를 공부하며 세상과 산업의 흐름을 읽어내고 고객들이 반응하는

'키워드'를 찾아내고 선점해야 한다.

다음은 2020년 8월, 한 애널리스트가 작성한 보고서다.

> 시장 되짚어보기: 우리는 왜 혼란스러웠나? 핵심변수는 COVID19가 아닌 '기술'
>
> COVID19가 새롭게 탄생시킨 것은 없다. 기술 침투를 가속화를 시켰을 뿐
>
> – 이진우, "우리가 걸어온 길, 가야 할 길", 〈meritz Strategy Daily 전략공감 2.0〉, 2020. 8. 4.

코로나19는 전 세계를 공포로 몰아넣었고 3월의 장은 말 그대로 폭락이었다. 그 뒤에 V자로 반등할 때 나온 이 보고서는 내 생각을 완전히 바꿔놓았다. '가속화'라는 키워드로 새롭게 프레임화해서 세상을 보니 정말 미래가 10년 앞당겨졌으며 엄청난 기회가 펼쳐졌음을 인식하게 되었다.

광고 카피를 공부하라

책 제목을 짓는 것은 광고 카피를 결정하는 것과 유사하다. 내가 잘 활용하는 광고 카피 테크닉은 고객을 즉각적으로 움직이게 하는 헤드라인을 제시하는 것이다.

고객은 '즉각적인 이익'에 반응한다. 급하게 만들거나 지금 행동하지 않으면 손해를 보는 마음이 들도록 광고 카피의 헤드라인을 써야 한다. 브랜딩을 위한 책 제목도 마찬가지다.

고객은 서점과 SNS 상에서 스쳐 가듯 책표지와 제목을 본다. 그 찰나의 순간을 멈추게 하는 책 제목을 찾아야 한다. 고객의 마음과 머릿속을 읽어내야 한다. 이미 수많은 광고 책과 광고에서 다루고 있는 '반응하는' 인간의 속성을 알아야 한다.

지금 당장 광고 카피 책을 읽어라. 그리고 고객들이 반응했던 광고 카피들을 조사하고 왜 고객들이 환호했는지 공부해 보라.

Branding

'고지 - 인식 - 방문'의 프로세스

책쓰기에는 송곳 같은 기획이 필요하다

책쓰기가 퍼스널 브랜딩의 확실한 지지대 역할을 하기 위해서는 책을 만드는 기획 단계에서 미리 독자의 마음을 생각해야 한다. 독자가 책을 발견하고 집으며 차례와 서문을 읽어보고 본문을 계속 읽고 싶은 마음이 들도록 책을 설계하며 준비해야 한다는 것이다.

앞에서도 나온 말이지만 책쓰기는 내 생각을 몇 자 적어보는 '글쓰기가 아니다'. 글쓰기는 책쓰기의 한 부분에 지나지 않는다. 물론 글을 잘 쓰는 것은 책쓰기에서 중요하다. 하지만 충분조건이지 필요조건은 아니다. 비문학인 실용서인 경우 글을 쓰는 실력보다 더 중요한 것이 있다. 바로 고객화 될 독자를 명확하게 규정하고, 경쟁자들보다 더 낫게 차별화 할 수 있는 키워드를 찾아서, 매력적인 후킹 포인트(Hooking Point)를 책에 담아내는 것이다.

책을 처음 쓰는 초보 저자들 중에서는 글을 잘 써야 한다는 것에 집착하는 이들이 꽤 있다. 글을 잘 쓰면 출판사는 기다렸다는 듯이 원고를 검토하고 출판 계약을 할 것이라는 환상을 가지고 있기 때문이다.

하지만 현실은 다르다. 출판사는 책이 잘 팔릴 수 있는지가 중요하다. 팔리는 책은 송곳과 같다. 무딘 칼이 아닌 뾰족한 송곳 같은 콘셉트와 키워드로 무장된 원고를 원한다.

이렇게 독자를 고객으로 사로잡을 수 있는 책을 만들기 위해서는 다음과 같은 기획의 핵심 세 가지를 스스로에게 질문해 봐야 한다.

누구에게, 무엇을, 어떻게 '고지'할 것인가

'고지'한다는 것은 알린다는 뜻이다. 브랜딩 되기 위해서는 알려야 한다. 그런데 누구에게 알릴 것인지조차 고민하지 않는다. 책을 집게 만들고, 책을 읽고서 저자를 궁금해하며, 저자에게 연락이 오게 하려면 '원츠' 상태의 고객을 찾아야 한다.

취업은 안 되고 구조조정 때문에 일자리가 없어지고 수입은 줄어들며 그에 반해 부동산 가격은 올라 '혼돈'과 '불황'의 시대라면 사람들의 원츠는 '돈', '부자'일 것이다. 그래서 2020년엔 유난히 이 키워드의 책들에서 베스트셀러가 많이 나왔다. '고지'의 대상이 대한민국 성인 남녀였고, 그들의 불안과 욕망을 읽어내서 성공한 것이다.

'무엇'이란 바로 한마디로 독자가 반응하는 키워드를 말한다. 고지의 대상이 정해졌다면 그들이 반응할 '무엇=키워드'를 찾아야 한다. 지쳐 있는 사람들을 발견했다면 물을 못 먹어서인지 음식을 못 먹어서인지 아니면 아파서인지 정확히 파악하고 제공할 '무엇'을 정리해야 한다.

2020년 10월 출간한 《보이지 않는 것을 보는 힘》(정광남, 라온북, 2020)을 기획하며 정광남 저자와 나는 '누구에게 이 책을 읽게 하고 그리고 책 안에 무엇을 담을 것인가'를 고민했다. 광고회사 대표이고 카피라이터인 저자는 이미 광고쟁이로서 업계에선 프로였다.

우리는 변곡점인 세상에 주목했다. 카피라이터로서 많은 관찰과 메모를 습관처럼 해온 저자의 '관점'을 변하는 세상에서 본질과 비본질이 뒤엉키다 보니 삶 자체에 혼돈이 오는 성인 남녀들에게 '다르게 보는 관점'을 제안하기로 했다. 여기서 '삶에 혼돈이 온 성인 남녀'가 누구이고 '다르게 보는 관점'

이 무엇이다. 결과적으로 책은 성공적이었다. 저자를 '관점 디렉터'로 알리게 되었고 독자들이 고객이 돼서 저자와 연결되고 있다.

날 선 '인식'의 키워드를 뽑았는가

나는 여러 가지로 나를 소개할 수 있다. 역할과 직책에 따라 대표와 소장으로 소개한다. 하지만 내가 세상에 '인식'시킨 조영석의 브랜딩은 '퍼스널 브랜딩 책쓰기 전문가'다.

12년 전 내가 정한 '인식'의 키워드는 '돌파'였다. 당시는 취업과 창업이 어려웠는데, 이에 따라 1인 기업과 창업이 본격적으로 이슈가 될 시기였다. 그래서 매출 증가와 생존을 '돌파'의 키워드로 정했고 책쓰기와 연결 지었다.

그런데 6년 뒤에는 인식의 키워드를 '퍼스널 브랜딩'으로 전환시켰다. 6년이라는 시간 동안 1인 기업의 확장으로 이제는 차별화가 필요한 시기라고 생각했고, 책쓰기가 퍼스널 브랜딩의 강력한 도구임을 1인 기업가들과 전문가들 그리고 은퇴를 앞둔 분들에게 '인식'시키고자 했다.

물론 좋은 키워드만으로 주장한다고 퍼스널 브랜딩으로 성공되진 않는다. 반드시 '인식'의 결과로 드러낼 수 있는 사례가 있어야 한다. 인식은 성공 사례를 바탕으로 진행된다.

당신이 하고 있는 비즈니스의 고객과 문제해결력인 당신만의 무기가 드러나는 '인식'할 수 있는 키워드여야 한다.

날 선 인식의 키워드는 SNS 상에서 리드하는 키워드를 관찰하고 맥락을 읽어내서 자신만의 단어로 재정의할 수 있어야 한다. 또한 드러나지 않은 키워드와 현상들이 있음을 알아야 한다. 떠도는 단어나 키워드들이 함의하는 현상들과 그 이유를 궁금해해야 한다.

'방문'한 고객을 어떻게 응대할 것인가

독자가 책을 읽는다는 것은 책을 통해 저자를 만나고 저자를 방문한다는 뜻이다. SNS가 없던 시절엔 독자는 책을 읽고 감동의 기억과 적용의 실행을 혼자서만 할 뿐이었다.

하지만 지금은 다르다. 책을 읽고 만족한 독자는 고객으로 자연스럽게 전환될 수 있다. SNS에 책에 대한 서평을 올리고 저자 특강에 참가해서 직접 저자의 강의와 사인을 받아 SNS와 유튜브에 올린다. 그리고 직접 저자가 운영하는 프로그램이나 판매하는 상품을 구매해서 저자와 자신을 연결 짓는 행위를 한다.

책을 읽고 방문한 고객은 로열티가 다르다. 저자는 이런 준비된 독자들을 맞이할 준비를 해야 한다. 과거의 '저자스러

움'을 버려야 한다. 책만 쓰고 나머지는 독자 스스로 알아서 하던 시대는 지나갔다. 착한 서비스 마인드는 필수다.

저자는 글만 쓰는 사람이라는 생각을 버려야 한다. 출판사도 마찬가지다. 출판업은 제조업이 아니다. 서비스업이다. 책을 만들고 팔기만 하던 패턴에서 벗어나야 한다.

Branding

사람을 움직이는 네 가지 변수를 활용하라

'사람'을 알아야 독자를 만날 수 있다

퍼스널 브랜딩을 위해서 책을 쓰려는 저자가 가장 중요하게 생각할 것은 '사람'이다. 아무리 좋은 책과 콘텐츠를 준비했어도 사람들이 와서 사주지 않으면 안 되기 때문이다. 또한 한 번만 사주는 것에 그치지 않고 내게 연락하며 방문까지 해주어야 한다. 가능하다면 주변의 다른 사람들에게도 나를 소개해서 더 많은 사람들이 책을 사서 보고 방문해 줄 수 있어야 한다.

결국 좋은 제목을 뽑고 글을 멋지게 쓴 다음 괜찮은 책을 만들어서 적절한 광고와 마케팅을 실행하는 이유의 핵심은

'사람'을 모으기 위해서다. 사람들이 보지 않는 책과 보고서도 모이지 않는 책은 저자의 취미 생활일 뿐이다.

사람들은 자신이 원하는 것에는 민감하게 반응하지만, 그렇지 않은 것들에 대해서는 무시하고 지나쳐버린다. 따라서 당신이 책을 써서 출간했을 때 사람들이 당신 책에 관심을 보이고 구매하기를 원한다면, 사람들이 무엇에 따라 움직이는지를 알아야 한다. 그래서 저자는 자신이 원하는 시기에 사람들이 반응하고 움직이는 방법을 알고 있어야 한다. 사람들은 대개 다음 네 가지 심리적인 요인으로 움직인다.

첫 번째, 나에게 어떤 '이익'이 있는가

할인점들이 가을에 가끔 하는 행사가 있다. 바로 배추 한 포기 90퍼센트 세일. 김장철을 앞두고 배추 한 포기에 500원씩 판매한다고 하니, 아침 7시부터 사람들이 모여들기 시작했다. 마침 그날은 갑자기 기온이 평소보다 10도가 낮은 때였다. 그래도 패딩 점퍼를 입고 오픈 시간인 9시 30분까지 2시간 30분이나 기다려야 하는데도 크게 불평하는 사람을 찾아볼 수 없었다.

당시 시중의 배추는 한 포기당 2,000원으로, 1인당 네 포기까지만 판매하므로 한 사람이 얻을 수 있는 최대 이익은

6,000원 정도였다. 그런데도 수많은 사람이 추워진 날씨에도 2시간 30분이나 불평 없이 기다리고 있는 것이다.

이처럼 상황과 환경에 따라 사람들을 폭발적으로 움직이게 하는 최소 이익의 크기도 존재한다. '500원짜리 배추'는 사람들을 움직일 수 있는 최소 이익을 훨씬 넘어섰고, 돈이 된다고 인식되었기에 폭발적으로 사람들이 몰려들게 된 것이다. 사람들은 자기에게 돈이나 이익이 된다고 생각하면 움직인다.

책을 기획하고 콘셉트를 찾아내며 차례를 짜고 집필을 하는 과정에서 잊지 말아야 하는 것이 독자의 이익이다. 책을 왜 15,000원을 주고 사야 하는지를 명확히 이익의 관점에서 설명할 수 있어야 퍼스널 브랜딩이 가능한 책쓰기를 할 수 있다.

출판사들이 인지도 있는 작가에게 선인세를 주고서라도 출판 계약을 맺으려 하는 이유를 아는가? 인기 작가들은 이미 자신의 책을 통해서 고객에게 이익을 준다는 것이 검증되었기 때문이다. 그래서 원고가 나오지도 않은 상황에서 서둘러 계약을 하려는 것이다.

예를 들어 김미경 강사는 고객들에게 코로나19 이후 '나'는 어떻게 살아가야 할지, 우리를 다시 일으켜 세우는 방법은 무엇인지에 대해서 《김미경의 리부트》를 통해 제시했다. 이를 통해 코로나19로 실업, 폐업, 실직 등을 하게 된 힘들고 지친 고객들에게 삶에 대한 희망과 용기를 불어 넣어주는 작가로

2020년에 재인식되었다.

두 번째, '재미'있고 '흥미'로운 요소인가

10월이면 여의도에선 불꽃놀이 축제를 한다. 토요일 저녁 20~30분간 진행하는데 행사가 진행되는 토요일은 여의도 주변이 인산인해를 이룬다. 이유는 단 하나였다. 터지는 불꽃 사이에서 감탄과 환호가 절로 나왔기 때문이다. 차가 꽉 막혀 2시간 이상을 기다려도 아무도 불평하지 않았다.

재미와 흥미의 체험은 사람들을 몰려들게 만든다. 프로야구와 프로축구를 살펴보면 박빙의 승부나 재미를 많이 주는 팀 경기에 관중들이 많이 모여드는 것을 볼 수 있다. 그것이 결승전일 때는 더욱 그렇다.

요즘의 대세인 유튜브를 보면 확연히 재미를 추구하는 유튜버들이 엄청난 좋아요와 구독자 수를 확보하는 것을 알 수 있다. 인간의 본연의 재미를 자극하는 '먹방'이나 '라방' 등은 20세기의 TV가 제공했던 콘텐츠와는 완전히 다른 새로운 재미를 보여주고 있다. 여기에 구독자 수와 시청 시간에 따라 제공되는 광고 수입은 직접적인 재미와 이익을 결합한 모델을 만들었다.

사람들은 새로운 재미를 찾고 추구한다. 내가 재밌어서 만든 영상 작업에 돈까지 주니 얼마나 열심히 찍고 편집해서 올리겠는가? 선순환이 돌아가는 것이 유튜브다. 재미와 흥밋거리가 사람들을 모이게 만든 것이다.

책쓰기도 마찬가지다. 같은 주제를 다루고 있더라도 이야깃거리와 재미적인 요소에 따라서 독자들의 반응은 큰 차이를 보인다. 지금 이 책을 읽고 있는 당신이 책쓰기를 막 시작한 초보 저자라면, 당신이 쓰게 될 이야기에 당신만이 줄 수 있는 재미와 흥미적인 요소를 더해보라. 극적인 요소를 집어넣고, 한 줄을 읽으면 다음 한 줄을 빨리 읽고 싶을 정도로 말이다. 특히 책의 제목과 차례를 통해 사람들을 움직이게 만들 때 제일 주목해야 하는 영역이다.

세 번째, '관계'가 있는 대상인가

당신이 처음으로 책을 출간하면 가족, 친구, 동창, 클럽 회원, 직장 동료 등 당신을 알고 있는 주변 사람들이 첫 구매자가 될 것이다. 그들은 꼭 필요하지 않더라도 당신과의 관계 때문에 한두 권씩은 구매해 준다. 그래서 책이 출간된 시점으로부터 일주일 정도는 기본 판매량을 웃돌기도 한다.

사실 우리나라에서 결혼식장이나 장례식장을 가보면 인간관계의 힘이 얼마나 대단한지를 알 수 있다. 심지어 조문객

수를 보고 그 사람의 사회적 영향력을 판단할 정도니까 말이다. 이처럼 한국 사회에서는 사람 간에 맺어지는 관계의 힘을 결코 무시할 수 없다.

따라서 당신이 쓴 책을 누가 구입할 것인지를 관계와 연결해서 생각해 보아야 한다. 혹시라도 '나 혼자 쓰면 되지, 가족이나 친구들에게 알릴 필요까지는 없어!'라는 생각을 하고 있지는 않은가?

절대로 그렇지 않다. 당신이 책을 쓰고 있다는 사실을 적극적으로 알려야 한다. 당신을 아는 사람들은 처음부터 좋은 책이 나올 것이라고 기대하지는 않는다. 오히려 당신이 책을 쓰고 있다는 사실을 알게 되면, 당신을 다시 보게 될 것이다. 당신의 책쓰기는 그것만으로도 의미가 있다. 그리고 당신과 관계를 맺고 있는 사람들은 훗날 당신이 책을 출간했을 때, 서점 판매 순위에서 높은 자리로 올라갈 수 있는 교두보가 되어준다는 것을 잊지 마라.

네 번째, '습관'에 의해 반응하고 움직인다

사람들의 하루 생활을 돌아보면 90~95퍼센트는 습관적인 행동으로 이루어진다. 특별한 이유가 없으면 어제의 행동을 오늘도 반복한다. 아침이니까 일어나고 시간이 되었으니까 출근한다. 12시가 되면 점심을 먹으러 가고, 저녁 6시가 되면 집으로 향한다. 습관적으로 TV를 켜고 습관적으로 스마트폰을 본다. 매번 가는 카페에는 자신이 주로 앉는 자리가 있다. 같은 종류의 상점이 있어도 주로 방문하는 단골 상점이 있다. 한 지점에서 다른 지점으로 이동해도 꼭 같은 길로 가게 된다.

기존의 인식과 행동을 바꿀 만한 큰 자극이 없으면 사람들은 습관적으로 행동하게 된다. 거기에는 이유가 없다. 단지 관성만이 작용한다. 습관은 사람을 움직이는 가장 무서운 힘이다. 퍼스널 브랜딩은 '습관'이다. 고객이 당신만을 습관적으로 찾아주고 구매해 주는 것이다. 고객이 당신을 습관적으로 찾아준다면 당신은 엄청난 힘을 지니게 된다.

이것이 바로 앞서 말한 유명 작가들의 책이 기본 부수 이상의 판매량을 올릴 수 있는 이유이기도 하다. 책 구매도 습관이다. 쉽진 않지만 여러 권의 책쓰기를 해야 하는 이유이기도 하다.

독자들의 습관까지 당신 책을 구매하는 고객으로 만든다면, 당신 역시 유명 작가의 반열에 오를 것이다. 하지만 중요한 것은 당신이 첫 책을 써야 한다는 것 그리고 그 원고가 책으로 출간되어 서점에서 판매되고 있어야 한다는 사실이다.

변수를 조합할수록 효과적이다

위 네 가지 변수 중에서 가장 일반적으로 사람들을 움직이는 것은 '이익'이다. 특히 이익에 민감한 주부들을 주요 타깃으로 한 경우는 그렇다. 그러나 쉽게 움직일 수 있다는 것은 쉽게 떠날 수 있음을 의미한다. 어린아이들과 젊은이들에게는 '재미'와 '흥미'가 이익 못지않게 영향을 미친다. 자기가 좋아하는 가수의 콘서트를 보기 위해서 며칠 동안 밤을 새우는 모습은 젊은 층 아니면 찾아보기 어려운 광경이다. 습관은 어느 계층이나 똑같이 영향력을 발휘한다. 그래서 사람을 움직이는 가장 강력한 동인이 된다.

네 가지 변수를 두 가지씩 조합할 경우에 그 힘은 훨씬 더 커진다. '이익'에 '재미'와 '흥미'를 더하면 더욱 효과적인 반응을 얻을 수 있다. 그냥 선물을 주지 않고, 즉석 복권 형태의 상품권을 제공하거나 다트를 던져서 사은품을 주는 것, 돌아가는 통 가운데 손을 넣어서 선물 이름이 적힌 공을 잡게 하는 경우가 그것이다. 과정에서 재미를 넣고 결과에 이익을 둘 때 사람들은 손뼉을 치며 반응한다.

그러나 사람들을 움직이는 최후의 목표는 '습관'에 두는 것이 바람직하다. 좋은 의미에서 중독시키는 것이다. 일단 습관이 형성되면 웬만한 힘으로는 바꾸기 어렵기 때문이다. 이미 내게 습관이 형성된 고객을 경쟁 상대가 빼앗아가려면, 내가 고객과의 관계에서 큰 실수만 하지 않는다는 전제하에, 내가 지불한 것보다 훨씬 많은 대가를 지불해야 한다. 따라서 이익, 재미에서 시작되었더라도 마지막은 습관적으로 나를 찾아오도록 시스템화해야 한다.

Branding

양질 전환의 포인트를 파악하라

언제가 양질 전환 포인트일까

책쓰기를 고민할 때 제일 많이 하는 걱정이 '내가 책을 쓸 만한 사람인가?', '책을 내고 반응이 안 좋으면 어떻게 하지?' 일 것이다. 나는 이런 고민을 가진 예비 저자들에게 첫 번째 책에 너무 많은 부담과 에너지를 갖지 말라고 말한다. 이런 부담 때문에 많은 사람이 '글쓰기'에 집착한다.

글쓰기를 1년 넘게 배우고 집필 기간을 2년을 예상하고 시작한다. 책을 중요하게 여기고 잘 쓰고 싶은 마음은 누구나 마찬가지다. 하지만 첫 번째 책에 너무 집착하면 출간이 늦어지고 출간 자체를 포기할 확률은 높아진다.

회의를 할 때의 적정 인원은 5~7명이다. 그 정도의 인원일 때 가장 효과적인 회의가 이루어진다. 그 이상의 사람이 모이면 팀이 아닌 군중이 되어버린다. 아파트가 한두 동 있으면 그냥 아파트라고 하지만 일정 규모 이상이 되면 단지가 된다. 단지가 되면 법적으로 갖추어야 할 요건들이 생기고 거래에 있어서도 개별 아파트보다 매매가가 더 높아진다.

국회에서 원내교섭단체를 구성하려면 20명 이상의 국회의원이 필요하다. 19석과 20석은 교섭단체를 구성하느냐 못하느냐의 큰 차이를 가져온다. 20이라는 숫자는 당의 존폐 여부를 결정짓는 양질 전환의 분수령이 된다.

'양적인 것들이 쌓이면 어느 한순간 질적인 변화가 생긴다.' 이것이 양질 전환의 개념이다. 일정 규모 이상의 양이 축적되면 인식의 변화, 물리적 변화, 화학적 변화가 일어난다. 이러한 현상은 자연계에서도, 한 개인에게서도 그리고 일반 사회에서도 일어난다.

전국적인 유통망을 가진 회사에서 어느 한 지역의 매출이 20퍼센트 이상이 되면, 보통은 그 지역을 독립시켜서 운영한다. 이전에는 본부가 하나였는데 이제는 두 개가 되는 것이다. 예전과 같은 시스템으로 운영하면 더 많은 비용이 발생하기 때문이다. 반대로 일정 규모 이하로 매출이 줄어들면 다시 통합하기도 한다. 매출 규모가 운영 시스템이라는 질적인 변화를 가져오는 것이다.

군에서는 특수부대를 제외하고는 보통 9명을 1개 분대로 구성한다. 그리고 4개 분대를 합쳐서 소대라 부른다. 이런 방법으로 중대, 대대가 구성된다. 훈련 시에는 분대 전투, 소대 전투, 대대 전투 등 구사하는 전술이 달라진다. 단지 인원이 더 늘어났을 뿐인데 말이다. 인원이 늘어나면 구성이 달라지고, 운용하는 방법이 달라진다. 변화가 생기는 것이다.

중소기업 운영 시스템과 중견기업, 대기업의 운영 시스템이 차이 나는 이유는 단 하나다. 규모의 차이가 그것이다. 규모에 따라 운영 방식이 달라져야 한다. 그렇지 않으면 어려움을 겪게 된다. 그래서 비즈니스맨이나 퍼스널 브랜딩을 위한 책쓰기를 준비하는 사람은 자기 영역에서 양질 전환의 포인트를 알아야 한다.

한 권의 책쓰기부터 시작된다

한 권의 책이 저자의 인식을 바꿔놓고 고객들을 몰려들게 할 수도 있다. 하지만 양질 전환의 관점에서 보면 일정량의 출간된 책이 쌓여서 임계점을 넘을 때 그 이후 출간된 한 권의 책이 질적인 변환을 일으키는 경우가 더 많다.

이지성 저자를 스타 작가로 만든 책은 《꿈꾸는 다락방》이다. 《꿈꾸는 다락방》은 200만 부가 팔린 밀리언 셀러인데 이 책은 이지성의 첫 번째 책이 아닌 열 번째 책이었다.

많은 사람들이 책을 쓰겠다고 도전하지만 여전히 책을 끝까지 쓰고 출간하는 사람은 소수다. 더욱이 책쓰기로 퍼스널 브랜딩을 이뤄내서 삶과 비즈니스에서 무기로 잘 활용하는 사람은 더욱 소수다. 책만 출간하면 되던 시기는 지나갔다. 양을 쌓아야 한다.

양질 전환은 자연법칙이다. 먹이사슬과 같은 자연계뿐 아니라, 개인과 조직을 구분하지 않고 인간세계에도 그대로 적용되는 하나의 원칙이다. 그래서 개인 브랜딩 시대에 책쓰기의 원칙에도 그대로 적용된다.

한 권의 책쓰기를 빨리 시작하라! 한 권은 처음일 뿐 3~5권까지 내달려라!

"당신의 비즈니스를 열어주는 책쓰기를 지금 바로 시작하십시오"

책을 출간하기 위해 저자의 콘텐츠와 독자의 니즈에 맞는 콘셉트를 잡아 기획하고 집필하는 일련의 과정을 '책쓰기'라고 합니다.

책을 쓰고 싶지만 글쓰기가 두려워서 시작할 엄두가 나지 않는다는 분들이 많습니다. 그러나 책쓰기와 글쓰기는 전혀 다른 분야입니다.

책을 내기 위해서는 내가 가지고 있는 콘텐츠를 콘셉트화할 수 있어야 하고, 콘셉트에 맞는 목차 기획과 원고 집필을 할 수 있어야 합니다. 글을 잘 쓴다고 책을 잘 쓰는 게 아닌 이유가 바로 여기에 있습니다.

책쓰기는 더 이상 유명한 사람들만의 전유물이 아닙니다. 일반인도 대중에게 공유하고 싶은 지식과 경험이 있으면 쓸 수 있습니다. 다만, 책쓰기에 대한 지식이 없기 때문에 책쓰기에 대해 막연히 두려움을 가질 뿐입니다.

책쓰기를 통해 비즈니스의 가능성을 열고 싶지만 쉽지 않다면, 전문가의 도움을 받으십시오. 출판 전문가의 책쓰기 코칭 프로그램을 통해 더욱 수월하게 당신의 전문성, 지식, 경험을 변증하는 콘텐츠를 출간할 수 있습니다.

성공책쓰기아카데미는 2012년에 설립된 이후 3,000여 명이 참석하고, 500명 이상이 책을 출간한 국내 최고의 책쓰기 교육 프로그램입니다. 콘텐츠 기획부터 출간까지 책쓰기와 출판의 모든 과정을 배울 수 있으며, 교육 과정을 통해 한 권의 책을 출간하는 커리큘럼을 가지고 있습니다.

하루에 끝나는

성공책쓰기 특강

1. 기대 성과

- 책쓰기의 Why, What, How to 이해

2. 교육 내용

- 왜 책을 써야 하는가
- 책쓰기 성공 사례 공개
- 집필 목표 설정
- 주제 찾기, 구상하기, 자료수집 방법
- 제목 쓰기, 목차 쓰기, 서문 쓰기

3. 교육 대상

- 강사, CEO, 목회자, 교수, 공무원, 전문가, 직장인, 주부, 학생 등

4. 교육 기간 및 인원

- 2시간
- 20~30명

그룹 코칭으로 초고를 완성하는

성공책쓰기아카데미

1. 기대 성과

- 개개인에 맞춰 예비 저자의 개인별 강점을 살린 콘텐츠 기획
- 책쓰기 기초부터 출판사 피칭까지 코칭
- 매주 과제를 통한 깊이 있는 책쓰기 완성
- 9주간 책쓰기를 통한 비즈니스 코칭 진행
- 출간기획서 완성

2. 교육 내용

- **1주차:** 수강생 콘텐츠 발굴 및 경쟁자 분석
- **2주차:** 샘플 북 정하기, 샘플 북 분석, 메시지, 주제 찾기
- **3주차:** 주제, 구상, 제목 쓰기
- **4주차:** 목차 쓰기, 서문 쓰기
- **5주차:** 출간기획서 쓰기, 책 초고 쓰는 법
- **6~8주차:** 집필 및 원고 피드백
- **9주차:** 개별 종강을 통해 완성도 높은 원고 집필

3. 교육 대상

- **1인 기업가:** 강사, 컨설턴트, 교육전문가 등 1인 기업가로 활동하면서 퍼스널 브랜딩이 필요한 CEO
- **분야 전문가:** 교수, 교사, 의사, 한의사, 약사, 변호사, 회계사, 변리사, 세무사, 노무사 등 책 출간으로 대중에게 자신을 드러낼 필요가 있는 전문가
- **은퇴 예정자:** 평생 쌓아온 지식을 세상에 공개하고 이를 통해 새로운 비즈니스를 창출하려는 현장 전문가

4. 교육 기간 및 인원

- 9주
- 매주 2시간 6~8명 클래스별 코칭

1:1로 진행하는 출간 담보

성공책쓰기 개인 코칭

1. 기대 성과

- 출간을 전제로 진행하는 책쓰기 코칭
- 1:1 코칭을 통한 저자 개인별 메시지와 책 소재 발굴을 통해 비즈니스 브랜딩 프로세스 완성
- 원고 집필 코칭, 출판 전문가의 원고 피드백을 통한 완성도 향상
- 매주 개별 과제를 통한 깊이 있는 책쓰기 출판 전문가, 글쓰기 전문가의 지도로 원고의 완성도 향상
- 출판 전문 기획팀의 코칭 프로세스를 통해 완성도 높은 책 출간
- 출간 후 출판 마케팅, 저자 브랜딩을 통한 비즈니스 기회 연결

2. 코칭 내용

- **1단계 Planning:** 시장조사, 콘셉팅, 기획(출판 기획서 작성 및 수정)
- **2단계 Programing:** 제목 정하기, 목차 구성하기
- **3단계 Writing:** 서문 작성, 집필 계획, 집필 진행, 원고 탈고
- **4단계 Publishing:** 출판 및 마케팅

3. 코칭 대상

- 책 출판을 통해 개인, 비즈니스 브랜딩을 하고 싶은 지식 자본가
- 빠른 시간 안에 책을 내고 싶은 예비 저자
- 출판전문그룹의 매니지먼트를 통해 완성도 높은 책을 출간하고 싶은 전문가

4. 교육 기간

- 집중 코칭 3개월(+출간 준비 3개월)

북큐레이션 • 원하는 곳에서 꿈꾸고, 가슴 뛰는 삶을 살고픈 이들을 위한 책

《퍼스널 브랜딩 책쓰기》와 함께 읽으면 좋은 책. 다른 곳에는 없는 나만의 특별한 퍼스널 브랜딩을 구축하는 사람이 진정한 성공과 멋진 인생의 주인공이 됩니다.

3초의 비밀! 카드뉴스 마케팅

설미리 지음 | 21,000원

성과를 내는 1페이지의 마법으로
나를 확실하게 브랜딩 하라

'요즘 시대에는 어디에서나 흔하게 접하는 게 카드뉴스다. 그중 유독 눈이 가는 카드뉴스를 한 번쯤 마주했을 것이다. 왜 그 카드뉴스에 나의 시간을 소비하고 시선을 집중했을까? 보는 데에는 단 하나의 이유, 그저 '끌려서' 본다. 이 책은 이렇게 고객의 마음을 훔치는, 숨겨진 1%의 시크릿을 공개한다. 다양한 방법을 통해 고객의 시선을 사로잡고 카드뉴스를 통해 고객과 소통 및 공감대를 형성한 후 이것을 판매 성과로 끌어내는 방법을 담았다. 특히 퍼스널 브랜딩을 수익 창출의 모델로 승화시켜 '돈'이 되는 카드뉴스 마케팅을 하는 방법을 담았다.

스타일은 권력이다

이언영 지음 | 17,500원

개인도 주인공이 될 수 있는 시대,
퍼스널 스타일링 전략가의 기획 엿보기

앞으로의 10년은 언택이 주류가 되는 세상이고 이 세상을 리드하는 사람들은 장소와 시간에 구애받지 않을 것이며, 나라는 사람의 영향력, 스타일, 브랜딩으로 가치를 높여야지만 살아남을 수 있을 것이다. 이 책은 '휴먼 스타일링', 즉 나의 삶을 스타일링하는 방법에 관해 담고 있다. 이 책은 당신의 라이프스타일에 관한 이해와 자아분석을 도와줄 것이다. 그것을 바탕으로 자신에게 어울리는 컬러와 디자인, 상황에 따른 스피치와 매너 등을 파악하는 스타일링 테크닉을 익혀보길 바란다.